京华通览

历史文化名城

主编／段柄仁

长安街

郑珺／编著

北京出版集团公司
北京出版社

图书在版编目（CIP）数据

长安街 / 郑珺编著. — 北京：北京出版社，2018.3
（京华通览）
ISBN 978-7-200-13437-7

Ⅰ. ①长… Ⅱ. ①郑… Ⅲ. ①城市道路—介绍—北京 Ⅳ. ①K921

中国版本图书馆CIP数据核字（2017）第266530号

出 版 人　曲　仲
策　　划　安　东　于　虹
项目统筹　孙　菁　董拯民
责任编辑　于　虹
封面设计　田　晗
版式设计　云伊若水
责任印制　燕雨萌

《京华通览》丛书在出版过程中，使用了部分出版物及网站的图片资料，在此谨向有关资料的提供者致以衷心的感谢。因部分图片的作者难以联系，敬请本丛书所用图片的版权所有者与北京出版集团公司联系。

长安街
CHANGANJIE
郑珺　编著

北 京 出 版 集 团 公 司　出版
北 京 出 版 社

*
（北京北三环中路6号）
邮政编码：100120

网　　址：www.bph.com.cn
北京出版集团公司总发行
新 华 书 店 经 销
天津画中画印刷有限公司印刷

*
880毫米×1230毫米　32开本　7.5印张　153千字
2018年3月第1版　2022年11月第3次印刷
ISBN 978-7-200-13437-7
定价：45.00元

如有印装质量问题，由本社负责调换
质量监督电话：010-58572393

《京华通览》编纂委员会

主　任　段柄仁
副主任　陈　玲　曲　仲
成　员　(按姓氏笔画排序)
　　　　于　虹　王来水　安　东　运子微
　　　　杨良志　张恒彬　周　浩　侯宏兴
主　编　段柄仁
副主编　谭烈飞

《京华通览》编辑部

主　任　安　东
副主任　于　虹　董拯民
成　员　(按姓氏笔画排序)
　　　　王　岩　白　珍　孙　菁　李更鑫
　　　　潘惠楼

序

PREFACE

擦亮北京"金名片"

段柄仁

北京是中华民族的一张"金名片"。"金"在何处？可以用四句话描述：历史悠久、山河壮美、文化璀璨、地位独特。

展开一点说，这个区域在 70 万年前就有远古人类生存聚集，是一处人类发祥之地。据考古发掘，在房山区周口店一带，出土远古居民的头盖骨，被定名为"北京人"。这个区域也是人类都市文明发育较早，影响广泛深远之地。据历史记载，早在 3000 年前，就形成了燕、蓟两个方国之都，之后又多次作为诸侯国都、割据势力之都；元代作为全国政治中心，修筑了雄伟壮丽、举世瞩目的元大都；明代以此为基础进行了改造重建，形成了今天北京城的大格局；清代仍以此为首都。北京作为大都会，其文明引领全国，影响世界，被国外专家称为"世界奇观""在地球表面上，人类最伟大的个体工程"。

北京人文的久远历史，生生不息的发展，与其山河壮美、宜生宜长的自然环境紧密相连。她坐落在华北大平原北缘，"左环沧海，右拥太行，南襟河济，北枕居庸""龙蟠虎踞，形势雄伟，南控江淮，北连朔漠"。是我国三大地理单元——华北大平原、东北大平原、蒙古高原的交汇之处，是南北通衢的纽带，东西连接的龙头，东北亚环渤海地区的中心。这块得天独厚的地域，不仅极具区位优势，而且环境宜人，气候温和，四季分明。在高山峻岭之下，有广阔的丘陵、缓坡和平川沃土，永定河、潮白河、拒马河、温榆河和蓟运河五大水系纵横交错，如血脉遍布大地，使其顺理成章地成为人类祖居、中华帝都、中华人民共和国首都。

这块风水宝地和久远的人文历史，催生并积聚了令人垂羡的灿烂文化。文物古迹星罗棋布，不少是人类文明的顶尖之作，已有1000余项被确定为文物保护单位。周口店遗址、明清皇宫、八达岭长城、天坛、颐和园、明清帝王陵和大运河被列入世界文化遗产名录，60余项被列为全国重点文物保护单位，220余项被列为市级文物保护单位，40片历史文化街区，加上环绕城市核心区的大运河文化带、长城文化带、西山永定河文化带和诸多的历史建筑、名镇名村、非物质文化遗产，以及数万种留存至今的历史典籍、志鉴档册、文物文化资料，《红楼梦》、"京剧"等文学艺术明珠，早已成为传承历史文明、启迪人们智慧、滋养人们心灵的瑰宝。

中华人民共和国成立后,北京发生了深刻的变化。作为国家首都的独特地位,使这座古老的城市,成为全国现代化建设的领头雁。新的《北京城市总体规划(2016年—2035年)》的制定和中共中央、国务院的批复,确定了北京是全国政治中心、文化中心、国际交往中心、科技创新中心的性质和建设国际一流的和谐宜居之都的目标,大大增加了这块"金名片"的含金量。

伴随国际局势的深刻变化,世界经济重心已逐步向亚太地区转移,而亚太地区发展最快的是东北亚的环渤海地区、这块地区的京津冀地区,而北京正是这个地区的核心,建设以北京为核心的世界级城市群,已被列入实现"两个一百年"奋斗目标、中国梦的国家战略。这就又把北京推向了中国特色社会主义新时代谱写现代化新征程壮丽篇章的引领示范地位,也预示了这块热土必将更加辉煌的前景。

北京这张"金名片",如何精心保护,细心擦拭,全面展示其风貌,尽力挖掘其能量,使之永续发展,永放光彩并更加明亮?这是摆在北京人面前的一项历史性使命,一项应自觉承担且不可替代的职责,需要做整体性、多方面的努力。但保护、擦拭、展示、挖掘的前提是对它的全面认识,只有认识,才会珍惜,才能热爱,才可能尽心尽力、尽职尽责,创造性完成这项释能放光的事业。而解决认识问题,必须做大量的基础文化建设和知识普及工作。近些年北京市有关部门在这方面做了大量工作,先后出版了《北京史》(10卷本)、《北京百科全书》(20卷本),各类志书近900种,以及多种年鉴、专著和资料汇编,等等,为擦亮北京这张"金名片"做了可贵的基础性贡献。但是这些著述,大多是服务于专业单位、党政领导部门和教学科研人员。如何使其承载的知识进一步普及化、大众化，出版面向更大范围的群众的读物，是当前急需弥补的弱项。为此我们启动了《京华通览》系列丛书的编写，采取简约、通俗、方便阅读的方法，从有关北京历史文化的大量书籍资料中，特别是卷帙浩繁的地方志书中，精选当前广大群众需要的知识，尽可能满足北京人以及关注北京的国内外朋友进一步了解北京的历史与现状、性质与功能、特点与亮点的需求，以达到"知北京、爱北京，合力共建美好北京"的目的。

这套丛书的内容紧紧围绕北京是全国的政治、文化、国际交往和科技创新四个中心，涵盖北京的自然环境、经济、政治、文化、社会等各方面的知识，但重点是北京的深厚灿烂的文化。突出安排了"历史文化名城""西山永定河文化带""大运河文化带""长城文化带"四个系列内容。资料大部分是取自新编北京志并进行压缩、修订、补充、改编。也有从已出版的北京历史文化读物中优选改编和针对一些重要内容弥补缺失而专门组织的创作。作品的作者大多是在北京志书编纂中捉刀实干的骨干人物和在北京史志领域著述颇丰的知名专家。尹钧科、谭烈飞、吴文涛、张宝章、郗志群、马建农、王之鸿等，都有作品奉献。从这个意义上说，这套丛书中，不少作品也可称"大家小书"。

总之，擦亮北京"金名片"，就是使蕴藏于文明古都丰富多彩的优秀历史文化活起来，充满时代精神和首都特色的社会主义创新文化强起来，进一步展现其真善美，释放其精气神，提高其含金量。

2017 年 11 月

目录

CONTENTS

引 言 / 1

长安街的历史变迁

北京城的起源及辽金时期长安街沿线的变迁 / 4

元、明、清时期的长安街 / 6

民国时期的长安街 / 11

新中国成立前的长安街 / 14

新中国成立后的长安街 / 17

长安街的规划建设

20 世纪 50 年代 / 27

20 世纪六七十年代 / 29

20 世纪 80 年代 / 31

20 世纪 90 年代 / 34

21 世纪以来 / 35

天安门广场及周边建筑设施

天安门广场 / 39

    天安门广场 3 次大规模改扩建工程 / 43

    重要庆典与活动 / 47

    天安门城楼 / 58

    国旗旗杆 / 66

    人民英雄纪念碑 / 69

    毛主席纪念堂 / 75

    人民大会堂 / 78

    中国国家博物馆 / 83

文物古迹 / 86

    故宫 / 86

    劳动人民文化宫 / 94

    中山公园 / 97

    金水桥 / 100

    华表和石狮 / 102

    正阳门 / 106

东长安街及其延长线

党政机关 / 111

    公安部 / 111

    商务部 / 113

中华全国妇女联合会 / 115

交通运输部 / 116

中国海关总署 / 117

商贸设施 / 118

贵宾楼饭店 / 119

北京饭店 / 121

长安俱乐部 / 123

东方广场 / 124

国际饭店 / 126

交通及通信设施 / 128

北京火车站 / 128

北京邮政枢纽 / 130

文化设施 / 132

菖蒲河公园 / 132

东单体育中心 / 134

东单公园 / 135

长安大戏院 / 137

中国社会科学院 / 138

城市雕塑 / 139

文物古迹 / 144

王府井古人类文化遗址博物馆 / 144

古观象台 / 145

皇史宬 / 148

于谦祠 / 151

东长安街延长线 / 152

　　建国门外交公寓 / 154

　　北京人民广播电台 / 155

　　北京友谊商店 / 156

　　齐家园外交公寓 / 158

　　CBD 商圈——建国门至四惠桥 / 159

西长安街及其延长线

党政机关 / 162

　　中南海 / 162

　　中共中央宣传部 / 166

　　中共中央组织部 / 166

　　工业和信息化部 / 167

商贸设施 / 168

　　北京图书大厦 / 170

　　北京中银大厦 / 172

　　民族饭店 / 173

　　远洋大厦 / 175

通信设施 / 176

　　北京电报大楼 / 176

　　北京长途电话大楼 / 177

文化设施 / 179

　　国家大剧院 / 179

北京音乐厅 / 181

西单文化广场 / 182

民族文化宫 / 183

城市雕塑 / 186

文物古迹 / 190

瀛台 / 190

丰泽园 / 191

怀仁堂 / 194

紫光阁 / 196

勤政殿 / 198

都城隍庙 / 199

牌楼 / 200

西长安街延长线 / 203

国家新闻出版广电总局 / 206

中华全国总工会 / 207

首都博物馆 / 208

中国人民革命军事博物馆 / 210

中华世纪坛 / 213

京西宾馆 / 216

北京城乡贸易中心 / 217

参考资料 / 220

后　记 / 223

引　言

  北京是历史悠久的世界文化名城和中国古都之一。长安街如同一条壮美的彩带横贯城市中心区，见证着北京历史的风云变幻，记录着北京古往今来的步伐。

  世界上每个国家的中心城市都会有一两条著名的街道，比如巴黎的香榭丽舍大街、柏林的菩提树大街、东京的银座、伦敦的白厅大街和牛津街、华盛顿的宪法大道和纽约的第五大道、圣彼得堡的涅瓦大街和莫斯科的新阿尔巴特大街……这些著名街道是一个国家政治、金融、商业、历史、文化、艺术、宗教集中展示的窗口，也常常是地标建筑最集中的国家名片。相比而言，长安街是这些著名街道中历史最悠久、功能最多元、长度和宽度均为国际少有的大街。

  长安街的雏形最早可以追溯到元朝。在兴建元大都时，其南城墙内的顺城街就在现在长安街的位置。明永乐年间，为了扩建京城，在原城墙以南 1000 米（今正阳门附近）新建了南城墙，将原来的顺城街改建成最初的长安街，天安门以东到东单是东长安街，天安门以西到西单是西长安街，统称长安街，长约 3.8 千米，被长安左门、长安右门分隔为东、西两段。民国时期，1912 年拆除了长安左门和长安右门边的红墙，长安街始得贯通。1939 年，在长安街东、西两端开辟了启明（今建国门）和长安（今复兴门）两个城门，并形成延长线。新中国成立后，经过多次拓宽、改造，长安街成为京城从东到西的通衢大道，分别延伸至通州和首钢东门，特别是作为城市轴线的地位日益显著。2010 年 6 月，长安街西延道路工程规划方案获得批准，长安街再向西延长到门头沟的三石路与规划中的石龙西路相接处，长安街总长 51.4 千米，成为真正的"百里长街"[1]。

长安街因其特殊的地理位置和历史缘故集中了许多中央机关和文化机构，因而又被誉为"神州第一街"。如今，长安街正以开阔、包容的气度展现着富强、民主、文明、和谐的现代气息。

---

[1] 长安街即从东单到西单，分别称之为东长安街和西长安街，为叙述方便，书中有些东西长安街延长线部分也以长安街泛称。

长安街的历史变迁

自元大都以来，北京城形成了以城市南北中轴线为核心的格局，中心突出、东西对称、起伏有序。民国以后，随着长安街的贯通，一条与中轴线相垂直的东西走向的横轴开始出现，成为同样重要的轴线。随着时代的变迁，以天安门为核心的北京城在古今文明、中西文化交汇中逐渐形成多元融合的态势；以故宫为代表的中轴线上的建筑，展现着中华民族五千年历史和文明的神韵；以长安街为东西轴线的横轴体现着现代国际化大都市的风采。

长安街，这条横亘在北京中心位置的大道，犹如一条勃勃跳动的血脉，蕴含着中华民族灿烂浩繁的历史和文明。今天，当我们站在宽广的长安街上，可曾想起过去这里只是封闭的阡陌小路？当我们漫步在天安门广场前，可曾想到这里曾是平民百姓不能涉足的皇家禁地？长安街，作为世界大都市城市建设中辉煌壮丽的一笔，是怎样凸显于岁月版图上的呢？

北京城的起源及辽金时期长安街沿线的变迁

要追溯长安街的历史，离不开古都北京城邑的演变。北京地区气候温湿，依山傍水，水土肥沃，适宜人类繁衍生息。根据考古挖掘，夏商时期北京地区有古燕、古蓟、孤竹等奴隶制部落存在，先民们在部族争战中已掌握"筑城御敌"技术，已有城邑发展的雏形。

西周建立后，武王分封的燕、蓟两个诸侯国成为北京历史上最早出现的行政建置和城邑政权。这两个诸侯国所建的都城应视为在北京地区最早形成的城市。蓟国都城蓟城的具体位置目前为止没有确定的结论，根据现有的考古证据判断，最大的可能是在北京宣武区（今已并入西城区）旧城外西南一带。燕国的都城燕城的位置经考古发掘确定在今房山区琉璃河镇董家林村附近。从周武王伐纣克商，封召公于燕（前1045年）算起，北京城已经有三千多年的建城史。

东周时期，燕国兼并了蓟国，蓟城成为燕国的国都。后来北京又被称作燕京，也是来源于此。

秦代的燕国被分为6郡，其中广阳郡的治所在蓟城。秦汉至五代的1000多年间，广阳地区行政建置多次变化，但治所一直保持不变。936年，后唐河东节度使石敬瑭将燕云十六州割让给契丹，幽州城被契丹占据。

契丹统治者在吞并燕云十六州后不久，便改国号为辽，建都临潢府（今内蒙古自治区赤峰市巴林左旗林东镇南郊），并于937年在幽州城建立陪都，更名为南京，又称作燕京。契丹政权利用南京城的优越经济条件和有利的地理形势，把它作为辽在华北的

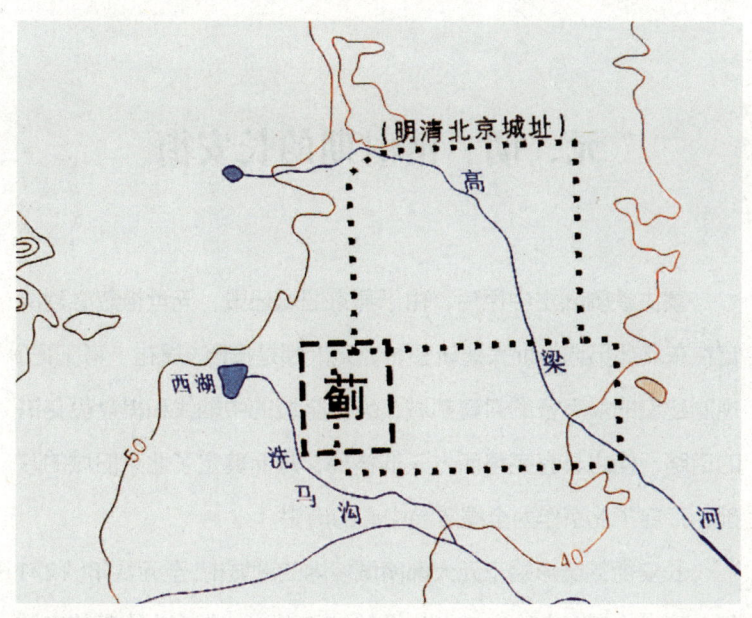

蓟城位置图

政治中心和向南进攻中原的据点。

1115年初，女真族完颜部首领阿骨打建国称帝，国号为金，建都会宁（今黑龙江阿城区）。金灭辽后，于贞元元年（1153年）迁都燕京，改名中都。金中都没有简单地沿袭辽南京城的范围，而是参照北宋京都汴梁（今开封）的规制，进行了大规模的城市改造和扩建，将旧城大大向西、向南两个方向扩展，东面略有外展，而北面的城墙基本不变。如今长安街西延木樨地的南面，仍有一个叫会城门的地方，这就是金中都北城墙最西侧的城门（当时叫会城门）。

1215年，蒙古军队攻进中都城，金代皇宫毁于战火，成为废墟。此后中都城改称燕京。

元、明、清时期的长安街

蒙古铁骑入主中原后，由于燕京旧城已毁，元世祖忽必烈决定在东北郊另选新址兴建新都城。元大都是按照《周礼·考工记》规制建设的最完备的封建都城，纵贯全城的中轴线和棋盘般交错的道路，使之具有完整而方正的格局，从而奠定了北京旧城的基础，开启了北京作为全国政治中心的历史。

长安街的雏形始于元大都南城墙内的顺城街，至元八年（1271年）建成，宽度大约为20米，长约6.8千米，街南为大都的南城墙，城外是宽约30米的护城河。南城墙有3个门：东为顺城门，西为文明门，中央为丽正门，均与顺城街连通。在顺城街西段路北（今六部口西）建有庆寿寺（双塔寺）。

明洪武元年（1368年），明太祖朱元璋在南京应天府称帝，将元大都更名为北平，就是平定北方的意思。"靖难之役"后，明成祖朱棣即位，年号为永乐，将都城由南京迁至京师，并改北平为北京。为了营建北京城，明成祖下令从全国各地征调数十万工匠和上百万民工，还有大批驻军，相继完成了外城、皇城、宫殿和坛庙、钟楼的建设，北京城的轮廓发生了改变。曾经的元大都南城墙被拆除，改做了城内的道路。明永乐十五年（1417年），皇城的正门——承天门建成，取"承天启运，受命于天"之意，这就是最早的天安门。

永乐十八年（1420年），历时14年建成的规模宏伟的紫禁城出现在北京的中心。在皇城的最南端建有大明门（清代改名大清门，民国时称中华门），即今天毛主席纪念堂的位置。大明门左右两侧各伸出两道红墙，以红墙和宫门合围为一个"T"字形广场，这个封建皇帝的宫廷广场封闭而严密。沿广场的边缘筑有红墙，红墙内侧建有"连檐通脊"的千步廊，是封建皇帝举行盛大庆典等重要活动的场所。广场北至天安门及两侧皇城南墙，天安门前有一条东西走向的宽敞的"横街"，该街东西各有一门，即长安左门与长安右门，其名得自盛唐时代的都城长安，取"长治久安"之意，长安街便以此得名。

明代的长安街特别是承天门附近分布着最重要的官署机构。

明北京城

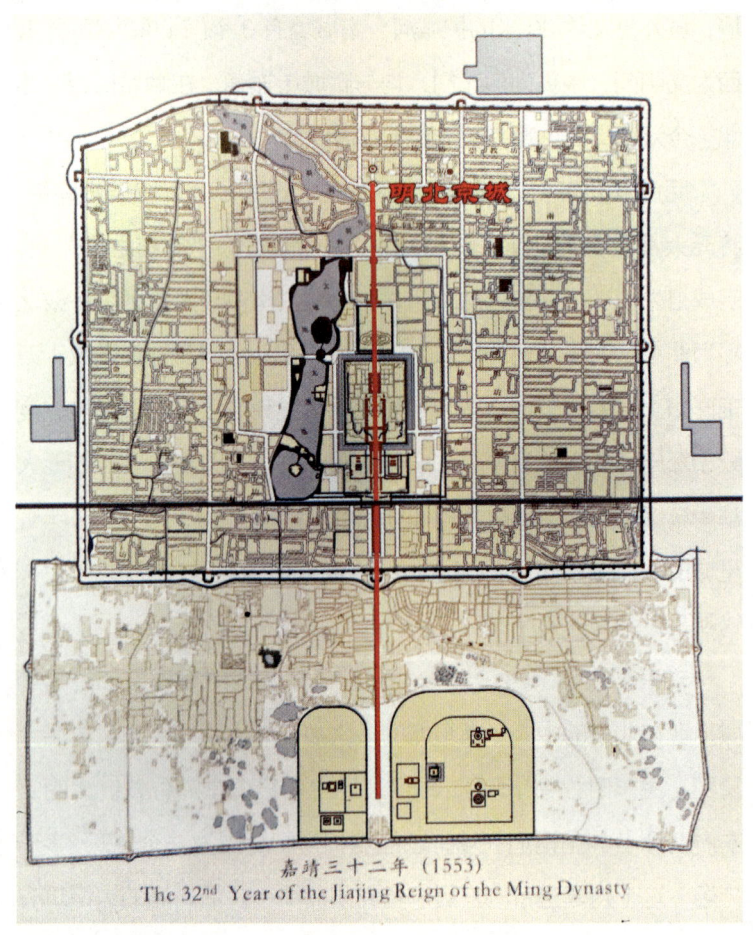

嘉靖三十二年（1553）
The 32ⁿᵈ Year of the Jiajing Reign of the Ming Dynasty

明代北京城及长安街

承天门东侧为太庙，是皇室供奉祖宗牌位、年节大典祭祀先人的地方，也是保存最完整的明代建筑群之一；西侧为社稷坛，是皇帝祭祀土地神和五谷神的地方。广场两侧的宫墙之外，东侧有宗人府、吏部、户部、礼部、兵部、工部、鸿胪寺和钦天监等，西侧有都督府、太常寺和锦衣卫等。这些中央行政机构通过宫廷前的广场与宫城连为一体，象征着封建皇帝拥有至高无上的权力。

在广场上还定期举行一些隆重的活动，如被称为"金殿传胪"的科举揭榜仪式和每年的"秋审"和"朝审"，因此长安左门和长安右门又分别有"龙门""虎门"之称，显示出封建皇帝主宰一切的权威。而皇帝的登基大典或册立皇后等仪式则要在承天门举行隆重的颁诏仪式。

清军入关后，仍定都北京。清朝统治者完全沿用了明朝北京城的布局，城市建设未做变动，只是对建筑物做了一些重修和局部的小范围的改建、增建工作。顺治八年（1651年），长安左门、长安右门改名为东长安门、西长安门。在今北京饭店前，建东长安牌楼，在今府右街南口，建西长安牌楼。在今东单和西单还建有东单牌楼和西单牌楼。东长安门以东到东单牌楼称为东长安街；西长安门以西到西单牌楼称为西长安街。此外，在东长安门之东、东长安牌楼以西（今公安部办公大楼门前）建有3座门，称东三座门；在西长安门之西、西长安牌楼以东（今国家大剧院门前）也建有3座门，称西三座门。

清代官署机构大多沿用明代建置旧址。大清门千步廊以东官署基本未变，西侧的官署变化较大。因兵制不同，清代不设五军都督府，废除了锦衣卫，空出来的地方部分改建为民居，部分安置为三法司。在原明朝锦衣卫的旧址自南而北依次是大理寺、刑部、都察院、太常寺和銮仪卫。隶属于都察院的京畿道御史衙门、巡城御史、编修法律的律例馆都迁到正阳门附近，靠近刑部诸机构，使职能相近的官署机构较为集中。

北京城址变迁图

　　清代还特设理藩院，掌管蒙古、西藏、新疆和其他少数民族事务，位于东长安街北侧、皇城东南角墙外。此外，东长安街还有皇史宬、詹事府、贡院、观象台，西长安街还有西苑（今中南海）、行人司、升平署、庆寿寺（双塔寺）等。

　　明清时期的长安街与其他街道一样为土路，皇帝经过前要先"黄土垫路、净水泼街"，平时则是"无风三尺土，有雨一街泥"。1905年，东长安街修成石砟路，1907年，西长安街也修成石砟路。

清末，列强入侵北京，对北京城造成了严重破坏。1858年的《天津条约》和1901年的《辛丑条约》后，清政府允许外国使节进驻北京，自此，天安门以东、崇文门内大街以西，北至东长安街，南到皇城根，被划为东交民巷使馆区和外国兵营。该地区由各国自行建造，因此，东交民巷地区出现了为外国人服务的一些城市设施，如邮局、旅馆、医院、舞厅和西餐厅等，建筑也形成了各国的特色和风格。

民国时期的长安街

封建社会时期，皇城为禁地，不准车马行人往来，在东、西三座门外侧各竖立着一座巨大的石碑，碑上用汉、满、蒙、回、藏、托忒6种文字书刻"官员人等至此下马"，以显示天子居所的庄严神圣。因此一直以来，东、西长安街被皇城分隔成东、西两段，互不相通，北京居民东、西城之间的交通往来必须经由北安门（今地安门）或正阳门（今前门）绕行，十分不便。

辛亥革命以后，封建君主专制制度被推翻，伴随着帝国主义侵略的深入和国内资本主义的发展，旧的城市布局逐渐与经济发展不相适应，长安街的格局亦随之被打破。为了方便交通，民国元年（1912年），长安左门和长安右门边的红墙被拆除，仅剩门阙。从此，天安门广场向普通百姓开放，东、西长安街得以贯通。民国二年（1913年）开辟了府右街，民国三年（1914年）打通了南长街和南池子，开辟社稷坛为中央公园（今中山公园）。民国六年（1917年），为了方便百姓来往，长安街改为柏油路，成为北京城的一条主要交通道路。

这一时期的长安街曾改过名称。辛亥革命成功后，人们出于对孙中山先生的热爱与拥戴，将天安门前的一段天街改名为中山路。后来，袁世凯窃取革命成果，辟中南海为大元帅府，开中南海门为新华门，新华门前的一段西长安街被改名为府前街。

北洋军阀统治时期，主要的办事机构也多分布于长安街上，如大总统府、副总统府、交通部、平政院、大理院、总检察厅、高等审判厅、宪兵营等。民国十三年（1924年），北京开始通行有轨电车，第一条线路由前门经过西长安街到西直门。民国十九年（1930年），东、西长安街都有了有轨电车。

民国十七年（1928年），民国政府迁都南京后，北京改称北平，设直辖市。当时的北京虽然已走上了近代发展之路，城市建设有一些局部地区的小规模改建，但由于国家内忧外患，城市的建设与发展基本上处于停滞状态，长安街沿线的风貌基本没有变化。

民国二十六年（1937年），日军侵占了北平，为了满足其殖民统治的需要，对北京的经济、社会及自然资源等进行了详细调查，并编制了《北京都市计划大纲》。在布局上，将北京分成旧城区、西部新市区、东郊新市区和通县工业区，因此出现了旧城与新建区的交通联系问题。民国二十八年（1939年），为了适应东、西城郊工业的发展和交通需要，在长安街东、西两端各辟出一门，东侧为启明门（即今建国门），西侧为长安门（即今复兴门）。虽然是为了交通的便利，但实际上这两条路都是只有五六米宽的小巷，通行依然不便。后来又修建了向东、西两侧延伸的道路延长线，分别是从建国门到西大望路和从复兴门至玉泉路。这一时期，长安街的名称消失了，东、西长安街分别被更名为东、西三座门街，日伪时期出版的北平地图上是找不到东、西长安街的名称的。

抗日战争胜利后，国民政府接收了北平。国民政府统治时期的北平仍然民不聊生、百废待兴。长安街上摊贩林立、垃圾堆积如山，天安门城楼也破旧不堪。鉴于当时的国内政治、军事形势，民国三十五年（1946年），北平市政府编制了《北平都市计划大纲草案》。在这个草案中，长安街基本沿袭了日伪时期的旧貌。解放战争时期，由于解放军对北平的包围，国民党军在东单崇文门内大街西侧，拆掉部分民房，修建了小型机场。

到民国三十八年（1949年）北平解放前，长安街及其延长线尽管是北京的主要交通干道，但其通行状况并不顺畅。从东单到南长街附近为宽15米左右的沥青路并有一部分慢车道，从南长街以西到西单为12米至24米左右的沥青路，东单到西单只有一条有轨电车线经过。东单到建国门是经过裱褙胡同和观音寺胡同两条各宽5米的小路分上、下行相通，建国门至大北窑以西为宽7米的路面；西单到复兴门是经过旧刑部街和报子胡同两条各宽5米的小路分上、下行相通，复兴门至公主坟以东为上、下行各宽6米的双幅路，中间有隔离带。

新中国成立前的长安街

1949年1月31日,北平宣告和平解放。2月3日,人民解放军举行了盛大的入城仪式,入城部队由永定门入城,经前门、东交民巷、崇文门内大街向北到北新桥转向西,过太平仓后与另一路从西直门入城的部队会合折向南,经西四、西单、西长安街、和平门、骡马市大街,由广安门出城。

2月12日,20余万人在天安门广场集会,热烈庆祝北平和平解放,叶剑英市长发表讲话:"让我们在自由的天空、自由的

1949年2月,在天安门广场举行庆祝北平解放大会

城市里边,来庆祝北平人民自己的伟大胜利。这是北平人民第一次获得真正的自由和民主,北平的和平解放,为中国人民解放事业创造了新的榜样。这是与中国共产党正确的领导,人民领袖毛泽东的战略天才以及人民解放军的英勇善战不可分离的。"会后,举行了盛大的群众游行。

新中国成立初期的天安门及其广场年久失修,破烂不堪,面目皆非。城楼的梁柱上积存着厚厚的鸽粪,门窗残破不全,城台上尽是断砖残瓦,城墙上的油漆斑斑驳驳,屋顶长满蒿草。金水河里的淤泥污物散发着臭味;广场上杂草丛生,零乱荒芜;广场东侧房屋低矮破旧,电线凌乱不堪;广场西侧坑洼不平,积水发臭。作为将要举行开国大典的场所,天安门广场需要进行彻底的修整。

北平各界人士怀着主人翁的责任感,投入到紧张的修整天安门的劳动中,争先恐后地为新中国的诞生做贡献。市建设局以修整天安门广场为中心工作,集中了全局的主要技术干部和绝大部分的施工人员共 500 多人,调集了局里大部分的机械设备投入施工。他们推、平、清、运,日夜奋战,劳动热情十分高涨。4000多名男女学生及教员、儿童,700 多名华北人民政府干部,300多名邮政工作人员,以星期六突击义务劳动的形式协助完成了此项工程。

由于上下齐心,施工进度迅速,天安门广场修整工程按期竣工。经过北平军民的突击劳动,运走了广场中堆积如山的垃圾,扫除了天安门城楼上的鸽粪,栽植了许多花草树木,开辟了一个面积 1.6 万平方米、能容纳 16 万人的广场,修建了一座高达

中国人民政治协商会议第一届全体会议会场大门

22.5 米国旗旗杆。有关单位还绘制了毛泽东油画肖像和"中华人民共和国万岁""中央人民政府万岁！"的巨幅横标，制作了天安门城楼上的大红灯笼，把天安门城楼布置得更加庄严、雄伟。

通过清洁大扫除运动和修整天安门广场工程，北平这座文化古城一洗往日脏乱不堪的城市形象，变得干净、整洁、卫生和文明。1949 年 9 月 27 日，中国人民政治协商会议第一届全体会议通过决议，中华人民共和国国都定于北平，自即日起北平改名为北京。10 月 1 日，北京市 30 万军民齐集修整一新的天安门广场和东、西长安街，具有划时代意义的新中国开国大典在这里隆重举行。

新中国成立后的长安街

中华人民共和国成立以后,人民政府十分重视北京的城市建设,先后多次对东、西长安街及其延长线进行改建、扩建,使其成为城市的东西轴线和宽阔的交通干道。

1950年6月至9月,为迎接新中国第一个国庆日,兴建了林荫大道。东起东单路口,西至府前街东口(今一六一中学高中部),全长2.4千米。在原15米宽沥青路面的基础上,南河沿以东的北侧和南河沿以西的南侧,各修了一条15米宽的新路。新路与旧路之间的隔离带可以行驶有轨电车,沿路种植了4排高大的乔木,形成了规模可观的林荫大道。

1952年8月,拆除了原来仅存的长安左门、右门门阙。鉴于东、西长安街的交通流量日益增多,1954年8月拆除了西长安牌楼,随后又拆除了东长安牌楼,形成了东单至西单的长安街雏形。

随着北京东、西郊建设的蓬勃开展,为了沟通城郊之间的联系,1956年7月,西长安街以西5条小巷(即旧刑部街、报子胡同、卧佛寺街、邱祖胡同和坑沿井胡同)之间的2500余间房屋全部被拆除,从而拓宽了马路,路面为宽35米的沥青路,称为复兴门内大街。1958年,东单以东5条小巷(即东观音寺胡同、西观音寺胡同、笔管胡同、鲤鱼胡同和官帽胡同)的3000余间房屋也被拆除,将路面拓宽为 35 米，称为建国门内大街。与此同时，拆除了东、西长安街上的有轨电车轨道，将全部架空线路转入地下。

1958 年至 1959 年，北京市政府对建国门至八王坟之间的道路予以扩建，由原来 10 米宽的路面扩建为 30 米宽。之后，两侧又加铺了各宽 7 米至 8 米的非机动车道。

1959 年 5 月至 9 月，南池子至南长街段扩建为宽 80 米的游行大道，南池子至东单路口地段扩建为 44 米至 50 米宽的沥青混凝土路面，新华门以东至南长街段的道路也相应拓宽。此前，长安街的地下管线种类很少，新中国成立前只有自来水管道、电信管道和雨水污水合流管沟 3 种管线，东、西延长线上只有部分自来水管道和电信管道。

新中国成立后，随着城市建设的发展和道路的拓宽、打通，路面和步行道下面逐步埋设了各种管线。1950 年，在修建林荫大道时地下相应增修了雨水管。1955 年，拓宽西长安街道路时修建了雨水干管和污水管。1959 年，建成了从第一热电厂向西经建国门、天安门到民族饭店的全市第一条热力干线，同时还完成了由热力干线到人民大会堂、中国革命博物馆、中国历史博物馆、北京火车站、民族文化宫和民族饭店等建筑的热力支线和热力点工程。1959 年 2 月，煤气干线工程正式开工。该工程东起焦化厂，向西经西大望路、建国门、东西长安街直到民族饭店，全长 21 千米。1959 年底，人民大会堂、中国革命博物馆和中国历史博物馆、北京火车站、民族文化宫和民族饭店等大型建筑陆续开始供气，从此结束了北京市没有大型煤气设施的历史。

民族饭店

1959年新中国成立10周年庆典之前，天安门广场又进行了一次大规模扩建，广场面积由11万平方米扩大到40万平方米，全部铺装了混凝土方砖。在天安门城楼前铺砌了长390多米、宽80米的花岗石路面，与宽阔的广场连成一体。东、西长安街经过3次拓宽修建，街道宽阔平坦，车行道宽47米至80米，最宽处为112米，是目前世界上最宽的街道。同时，对地下管线进行了规模较大的建设。在长安街北侧新建了北京市第一条综合管道，东西长1070米。综合管道为宽3.4米、高2.3米的砖砌可通行方沟，沟内铺装了热力、电信、电力、广播等多种管线，并预留了上水管的位置。在天安门广场的周围及长安街沿线新建了雨水、污水、上水、电信、电力、照明、煤气、热力等8种管线，共长110千米。

1959年长安街已经基本完成了道路的打通和拓宽，开始进入以两侧建筑物的建设为主的发展阶段。长安街两侧共建设了纺织部、燃料部、外贸部、内贸部、人民大会堂、中国革命博物馆和中国历史博物馆、人民英雄纪念碑、北京电报大楼、民族文化宫、民族饭店、北京饭店西楼、北京火车站 12 座大型建筑，其中人民大会堂、革命历史博物馆、电报大楼、民族文化宫、北京火车站被列入国庆 10 周年十大工程之中。

1964 年，北京市政府发动了北京市规划局、北京建筑设计院、北京工业建筑设计院、清华大学、中国建筑科学研究院和北京工业大学等 6 个单位分别参加了长安街规划的编制。此次规划的编制采取集思广益、民主讨论的方法，收到了良好的效果，进一步完善了长安街的规划，很多当时的指导思想至今仍有重要参考价值。但在 20 世纪 60 年代中后期，鉴于国内政治、经济形势的变化，北京的城市建设进入了低潮期，长安街基本没有进行重大工程建设。到了"文化大革命"时期，长安街建设基本处于停滞状态。值得一提的是，1969 年复兴门至石景山地铁主体工程完工后，在复兴门至公主坟地铁加强层上面修建了 35.2 米宽的水泥混凝土路面。

20 世纪 60 年代至 70 年代，长安街上又陆续建成了北京长途电话大楼、北京饭店东楼等建筑。在 1978 年第二热电厂开始对外供热之前，市政府开始建设相应的热力干线，其中一条是经白云路沿复兴门外大街向西，经木樨地向北；另一条是经白云路沿复兴门外大街向东，经复兴门至民族文化宫与先期建成的第一热电厂热力干线连通，全部工程于 1978 年 11 月建成并投入使用。

1976 年至 1978 年，在天安门广场建设了毛主席纪念堂，同时还对天安门广场进行了扩建，面积扩大到 50 万平方米，整个广场开阔、庄严，气势恢宏。

　　为适应新的建设形势的需要，20 世纪 80 年代，天安门广场进行了较大规模的整治。1983 年 4 月，市政府决定拆除玉带河南岸金水桥两侧的 4 座灰色观礼台，新辟总建筑面积 5000 平方米的 4 块绿地。1987 年，天安门广场东北角、西北角各建成地下人行通道 1 座，使行人可以安全、快捷地进出天安门广场，解决了天安门前行人横穿东、西长安街与机动车互相干扰的问题，提高了道路通行能力。20 世纪 80 年代，长安街沿线新落成的建筑有中国工艺美术馆、中国人民银行总行、民航营业大厦、北京音乐厅、中国社会科学院、中国海关总署、东单电话局、国际饭店、

民航营业大厦

对外经济贸易部（今商务部）等。

  1991年，北京市对1983年《北京城市建设总体规划方案》加以修订，与以往各次总体规划的不同之处在于：一是跨世纪的规划，这是首都第二个50年的规划；二是第一次按照市场经济体制的要求研究城市建设方向，不同于以往计划经济体制下的城市建设。1993年，国务院同意了修订后的北京城市总体规划。此时，对外开放、建设国际化都市的规划战略以及房地产开发热潮兴起，使城市建设规模持续增长，长安街也不例外地受到市场经济大潮的冲击。主要表现为外资及国内外金融机构入驻长安街，建设内容以商务写字楼及配套商业娱乐设施为主，建筑形象强调时代感和商业经营目的。20世纪90年代，长安街沿线先后建成了长安俱乐部、北京贵宾楼饭店、中粮广场、恒基中心、中华全国妇女

恒基中心

国家电力调度中心

联合会办公楼、交通部（今交通运输部）办公楼、光华长安大厦、东方广场、华诚大厦、北京邮政枢纽、中国教育电视台、远洋大厦、国际金融大厦、中国工商银行、中国银行、北京图书大厦、中共中央宣传部办公楼、国家电力调度中心、首都时代广场等，并对纺织部办公楼（今中国纺织工业联合会办公楼）进行了改建。

　　为迎接新中国成立50周年大庆，中共北京市委、市政府决定对长安街及其延长线进行全面整顿：拓宽改造了东单、西单路口，并完成了路口四角禁左绕行环路。东单到建国门路段道路由35米宽拓展为三幅路50米宽，并完成了大北窑立交桥匝道的建设。复兴门至建国门路段两侧的步道凡不足6米的一律改造为6米宽；建国门、复兴门以外路段两侧步道凡不足5米的一律改造为5米宽，凡路边、人行过街桥边无步道或虽有步道但不足2米的一律修成 2 米宽的步道。东单至西单路段两侧的步道和天安门广场两侧的步道采用花岗石铺装，西单到复兴门至公主坟和东单到建国门至大北窑路段两侧的步道采用彩色混凝土步道砖铺装。天安门广场东、西两侧各修建一块宽 30 米、长 160 米的大绿地。埋设了热力等部分地下管线，并将全部地下线路埋入地下。整顿了交通、广告牌、商亭、垃圾箱等设施，改造并增加了绿化，改善了夜间照明设施，增加了部分座椅、沿街雕塑等。经过整治，长安街东至通州运河广场，西达石景山区首钢东门，路面宽度为 50 米至 120 米，长度达 47 千米。

进入 21 世纪，北京的城市建设进入了新的时期。2010 年 6 月，长安街西延道路工程规划方案获得批准，长安街向西延长到

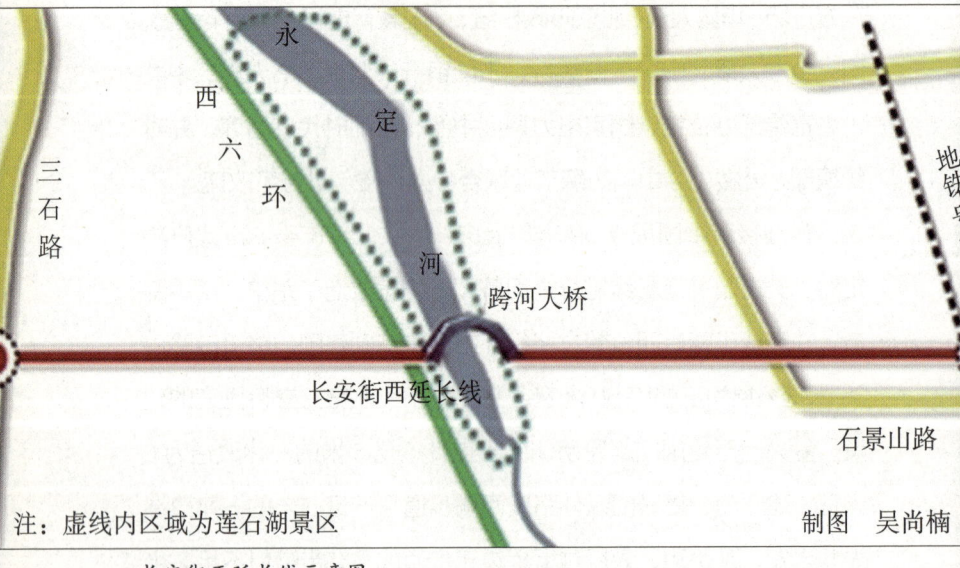

注：虚线内区域为莲石湖景区　　　　　　　　　　　制图　吴尚楠

长安街西延长线示意图

门头沟的三石路与规划中的石龙西路相接处，长安街共长51.4千米。2011年，长安街西延工程规划初步确定，工程东起古城大街，向西经首钢主厂区、上跨丰沙铁路、永定河及六环路，穿越门头沟现况砂石坑，终点至三石路，全长约6.4千米。道路标准为城市主干路，红线宽60米至100米，规划横断面采用三幅路形式，古城大街至六环路西侧路安排四上四下八条机动车道（含外侧两条公交专用车道），六环路西侧路至三石路安排三上三下六条机动车道（含外侧两条公交专用车道）。西延工程穿过首钢主厂区，跨过永定河，直到门头沟。建于1978年的首钢东门虽然历史并不久远，但它见证了新中国的工业建设，是人们对那个历史年代的记忆。新首钢迁到曹妃甸后，老首钢东门被列入工业文化遗产。

2013年，备受关注的长安街西延线项目破土动工。长安街西延道路的辅路系统及雨水、绿化、照明、交通工程、环保和工程改移等也同步实施，百里长街终于真正名副其实。不断延伸的长安街，不仅从空间上拓展了首都的功能，还从政治、经济、文化等诸多方面带动了首都的进一步发展。

长安街的规划建设

新中国成立以后,由于长安街特殊的地理位置和政治形象,其整体规划几经更替,成为北京乃至全国规划次数最多的一条街。长安街的每一次规划,都几乎伴随着道路的不断拓宽和延展。

20 世纪 50 年代

新中国成立后，由于需要建设大批中央机关办公楼，长安街规划建设提上日程。最早建长安街的设想是在 1949 年底至 1950 年初由苏联专家提出来的。计划在东单至府右街南侧和崇文门内大街西侧修建新的行政用房。东长安街路南地区原为各国练兵场，崇文门内大街西侧为国民党时期修建的简易机场，是城区内不可多得的空地，于是在没有整体规划的情况下，1951 年前后在东长安街南侧相继修建了公安、纺织、燃料（后改为煤炭部）、轻工和外贸各部办公楼。

1953 年第一个五年计划开始，在迫切需要总体规划来指导首都建设的情况下，中共北京市委成立了一个领导小组和一个规划工作组，提出《改建与扩建北京市规划草案的要点》和方案图。在中央批复的基础上，1955 年 4 月，市政府聘请了苏联专家工作组来京指导规划方案的修改，并抽调人员成立了都市规划委员会。在苏联专家的指导下，提出了《北京城市建设总体规划初步方案》，上报中央，得到原则肯定，1959 年市规划局又做了修改完善。

其中，长安街的规划、道路红线宽度及断面形式是 1953 年、1958 年城市总体规划方案研究的问题之一。鉴于伦敦、东京、巴黎、

20世纪50年代的东长安街

纽约等一些大城市出现的交通拥挤情况,规划主张街道应该宽一些,红线定为100米至110米。在断面形式上,由于当时正处于抗美援朝战争后期,主要从战略方面考虑,定为一块板的形式,避免阻挡长安街开阔的空间,必要时也可作为飞机跑道。在拓宽长安街时,拆除了挡在街心的双塔寺。为了在街道宽度上保留更多的余地,长安街上安排建筑先由道路北侧开始,所以电报大楼、水产部办公楼和民族文化宫、民族饭店以及未建成而中途下马的西单百货大楼、科技馆等都建在长安街北侧。

经过多次改、扩建,到新中国成立10周年时,长安街拓展为一条通衢大道,北京城的东西轴线与南北轴线交会于天安门广场。

20世纪六七十年代

20世纪60年代初，国家出现暂时经济困难，中央提出对国民经济实行"调整、巩固、充实、提高"的方针，压缩基本建设规模，长安街沿线一些已拆了房子或已进行基础建设的项目（如科技馆等）也暂时停了下来。到1964年，国民经济调整的任务已基本完成，国家建设又进入一个新的时期。北京市政府于1964年4月组织北京市规划局、北京建筑设计院、北京工业建筑设计院、中国建筑科学研究院、清华大学、北京工业大学等6个单位参加长安街改建规划方案的编制，并邀请全国知名建筑专家来京参加方案的审议。经过讨论，大家对长安街改建规划的原则取得了基本一致的看法：

第一，长安街应严肃和活泼相结合，除了安排办公楼外，可再安排一些文化和商业建筑，长安戏院、东单菜市场等要予以保留。

第二，长安街应该体现"庄严、美丽、现代化"的方针，沿街建筑高度以30米至40米为基调，布局要有连续性、节奏性和完整性，轮廓线应简单、整齐，不要有急剧高低起伏。在适当地点，如东单、西单、复兴门和建国门，可安排几个高点。建筑轴线过多会冲淡天安门的主轴线，要从整体布局出发安排个体建筑，

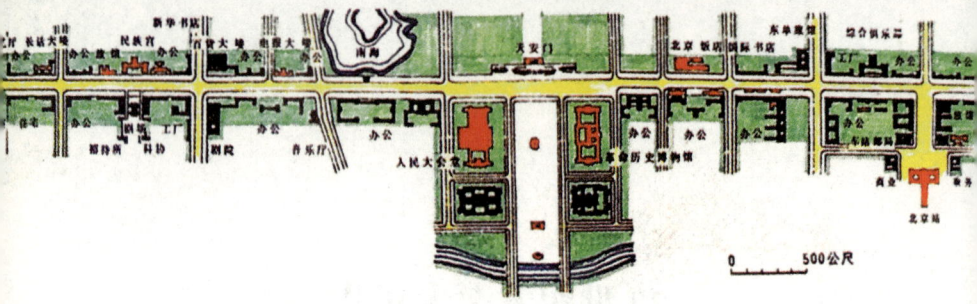

1964年长安街规划综合方案图

新华门前不宜搞大型高层建筑,要多留一些绿地。

第三,在建筑风格上,要处理好民族化与现代化的关系,要在现代化的基础上民族化,力求简洁而不烦琐,大方而不庸俗,明朗而不沉闷。

第四,在建筑标准上,长安街为全国、全世界所关注,建筑标准应该高一些,但也不应与人民生活水平脱离太远。北京是样板,如果弄得"浮夸"就会失去榜样作用。

审议会后,部分外地专家留京与北京单位共同编制长安街的综合规划方案,综合方案连同6单位所做的规划方案一并报送市政府。这个方案虽然因受"文化大革命"影响未获审批,但为以后长安街的进一步规划和建设起了重要参考作用,一些思想至今仍有重要参考价值。

20世纪70年代到80年代初期,在东、西长安街及延长线上陆续建起了一批行政大楼和公共建筑,如复兴门外的国家海洋局和中国国际贸易促进委员会办公楼,建国门外的中国海关总署办公大楼,东长安街的北京饭店新楼,复兴门内大街的北京长途电话大楼,建国门内大街的东单电话局、中国社会科学院以及建国门外的外交公寓、北京国际俱乐部、友谊商店等,街道面貌不断发生变化。

20 世纪 80 年代

改革开放后,社会政治、经济形势飞速发展,北京市的市容市貌也发生了日新月异的变化。在新形势下,北京的城市建设迫切需要编制新一轮城市总体规划,以适应新时期发展的需要。

1981 年 11 月成立的北京市城市规划委员会着手编制了新的《北京城市建设总体规划方案》。1983 年 7 月,中共中央、国务院原则批准了《北京城市建设总体规划方案》,并做了 10 条批复,指出:"北京是全国的政治中心和文化中心。北京的城市建设和各项事业的发展,都必须服从并充分体现这一城市性质。""北京是我国的首都,又是历史文化名城。北京城市建设,要反映出中华民族的历史文化、革命传统和社会主义首都的独特风貌。""要继承和发扬北京的历史文化名城的传统,并力求有所创新。"

为了适应新的建设形势的需要,进一步落实《北京城市建设总体规划方案》的要求,1984 年,首都规划建设委员会组织城乡建设环境保护部建筑设计院、中国城市规划设计研究院等多个单位参与规划,提出了长安街规划综合方案。1985 年 8 月 19 日,以市委、首都规划建设委员会和市政府的名义撰写的《关于天安门广场和长安街规划方案的报告》正式上报中共中央、国务院。这个方案确定的规划原则如下:

1984年长安街规划方案图

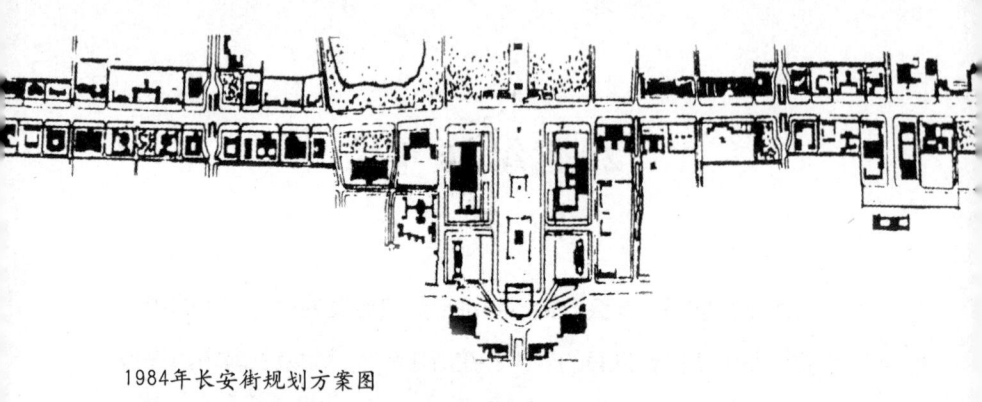

第一，充分体现首都是全国政治中心和文化中心的特点。主要安排党和国家的重要领导机关，重要文化设施和大型公共建筑，并要为重大集会活动创造条件。

第二，继承和发扬北京历史文化名城的优美风格和建筑艺术传统，并力求有所创新，既要"现代化"，又要"民族化"。

第三，继续保护北京旧城中心地区格局严谨、空间开阔、建筑平缓的传统风貌，严格控制新建筑高度。

第四，贯彻"庄严、美丽、现代化"的建设方针。尽量扩大绿地，植树栽花，使建筑物处在绿荫环抱之中，让街道充满阳光。建设标准应达到世界一流水平。

第五，为各方人士和广大群众提供周到、方便的服务。

第六，把各项基础设施的建设放在优先地位。

此方案的规划设想是：确定长安街红线宽120米，天安门广场东西宽500米，南北长860米。以旧城中轴线为天安门广场主轴，北京站前、新华门和民族宫为3条副轴；建筑高度东单至西单控制在 30 米以内，东单以东、西单以西控制在 45 米以内，保护府右街至南河沿的红墙，北部不建高大建筑；开辟成片绿地，在东单公园、北京饭店对面、新华门对面、西单东北角、民族宫对面以及人民大会堂、中国革命博物馆和中国历史博物馆南侧开辟大块绿地，各建筑之间留出适当绿化空间，使长安街沿线及天安门广场绿地能均匀分布；天安门广场和长安街既要庄严、肃穆，又要方便群众生活、游览和休息。前门、王府井、西单是北京三大商业服务中心，都与广场、长安街交会，交会处安排商业服务业，沿街公共建筑底层向社会开放。长安街两侧辅路多设服务网点，方便群众；东单、西单、建国门、复兴门为 4 个交通广场，从复兴门至建国门的地下铁道力争近期内完成。

1985 年规划设想将长安街分 3 段：天安门广场和府右街到南河沿为长安街中段；南河沿往东到建国门为长安街东段；府右街往西到复兴门为长安街西段。

从 20 世纪 80 年代开始，北京的城市建设范围逐步扩大。1982 年，建国饭店出现在长安街的东延长线上；1988 年，中央电视台出现在长安街的西延长线上；此后在长安街东西两个方向的延长线两侧，陆续出现多个大体量的建筑，商业、金融类建筑开始进入长安街沿线。

20 世纪 90 年代

随着改革开放的全面展开，北京社会经济获得了空前的发展。伴随着社会主义市场经济体制的确立，对首都的城市规划和建设提出了新的更高的要求，原有计划经济体制下制定的建设规划亟待调整和完善。1991 年初，北京市人民政府和首都规划建设委员会决定对 1983 年总体规划加以修订，经过几年的努力，提出了《北京城市总体规划修订草案》，并于 1992 年底报请国务院审批。

与以往各次总体规划不同，这是第一次按照市场经济体制的要求来规划北京建设。规划的具体内容包括：为城市性质体现对外开放、建设国际城市的含义，增加了将北京建设成为"世界著名古都和现代化国际城市"的目标，强调了增加城市的文化内涵和全方位的对外开放；进一步明确了城市性质与发展经济的关系，提出大力发展高新技术和第三产业；实行城市建设重点要逐步从市区向远郊区转移和市区建设从外延扩展向调整改造转移的两个战略转移，调整城市的规模、结构和布局；完善历史文化名城的保护规划，明确了文物保护单位、历史文化保护区、历史城市风貌保护的具体内容，并提出建设花园式文明城市的设想；把加速城市基础设施现代化建设放在突出位置，并提出了相应对策。

修订后的总体规划报国务院后，1993年10月6日，国务院批复同意。

20世纪90年代开始，长安街建设进入高速发展时期，10年间的建设量为此前40年建设总量的4倍，长安街及其延长线两侧的建筑格局大体完成。

为迎接新中国成立50周年大庆，1998年，对长安街及其延长线进行全面整顿。经过近一年的时间，长安街及其延长线的面貌为之一新，特别是道路交通面貌、环境景观、照明系统的变化非常显著。

21世纪以来

进入21世纪，1992年的北京城市总体规划中确定的发展目标大多已提前实现。新时期、新形势下的城市发展又出现了一些新情况、新问题。特别是北京承担着承办2008年夏季奥运会的重任，还要按照中共中央、国务院的要求在全国率先实现现代化，因此迫切需要从战略性、全局性角度寻求解决问题的新途径、新办法。2002年5月，中共北京市第九次代表大会提出了修编北京城市总体规划的任务。

2004年11月，新的北京城市总体规划编制完成。2005年1月12日，国务院审议通过。

伴随着城市总体规划的落实，长安街的规划建设也进入提高完善期。这一时期，长安街东西两侧的北京商务中心区（简称 CBD）和金融街分别完成了规划建设任务。作为北京市第一个大规模、整体定向开发的高端金融产业功能区，金融街已经成为首都金融主中心和国家的金融管理中心；而 CBD 则是汇集了摩托罗拉、惠普、三星、德意志银行等众多世界 500 强企业中国总部所在地，也是中央电视台、北京电视台等传媒企业的新址所在地，更是国内众多金融、保险、地产、网络等高端企业的所在地，是财富的聚焦点，代表着时尚前沿的 CBD 是无数中小企业创业和

国贸中心

成长的摇篮。长安街将这两个代表着北京高端产业的核心区域连接在一起，并伴随着它们的成长而不断展现出其现代化的风貌。长安街就像20世纪中国的一面镜子，它的巨变形象地展现着新中国60年发展积累的蓬勃活力。

为进一步提升长安街的环境品质，以迎接新中国成立60周年庆典，北京市总结了奥运会环境整治的成果与经验，于2009年初开始对长安街进行综合整治，包括路面大修和景观提升两大项工作。与此同时，北京市市政市容管理委员会开始组织编制"迎接60周年大庆提升长安街环境景观工作"的规划，涵盖庆典景观、建筑界面、园林绿化等9项内容。此次编制的长安街整治规划，遵循了"以人为本，方便通行；规制齐整，简约宜人；尊重现状，适量递减；经济适用，美观大方"的原则。无论是改造还是新增的设施，其选型和设计主要强调满足使用功能和人性化设计，例如电话亭、信息亭等设施从长安街的安全性、使用便利性考虑采取了通透的设计方案。另外，在设施细节上还融入了中国的传统文化元素，展现了长安街和北京的传统文化特色。

天安门广场及周边建筑设施

　　天安门广场是世界上最大的城市中心广场，占地面积为44万平方米，东西宽500米，南北长880米，可以容纳100万人举行盛大集会。广场中央矗立着人民英雄纪念碑和庄严肃穆的毛主席纪念堂，广场东侧是中国国家博物馆，西侧是人民大会堂，南侧是正阳门和前门箭楼，北侧是天安门城楼，城楼两边是劳动人民文化宫和中山公园，这些雄伟的建筑浑然一体，完美地勾勒出了天安门广场的轮廓，使得整个广场宏伟壮观、整齐对称、气势磅礴。

天安门广场

天安门广场是长安街的中心，占地面积44万平方米，东西宽500米，南北长880米，地面全部由经过特殊工艺技术处理的浅色花岗岩条石铺成。它是众多重大政治、历史事件的发生地，是封建王朝衰落和中华人民共和国崛起的历史见证。

1271年，忽必烈改国号为"元"，在金中都东北另建新城，命名为大都。大都的南门名为丽

明代天安门及广场示意图

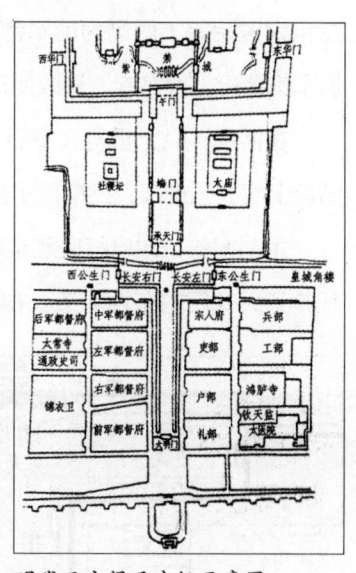

正门，就在今天的长安街略偏南的位置。"丽正"出自《周易·离》："日月丽乎天，百谷草木丽乎土，重明以丽乎正，乃化成天下。"今天的天安门广场早在元大都时就已是进出皇城的必经之地，但真正奠定现在天安门格局的还是明代永乐皇帝迁都北京之后。

明迁都北京后，在皇城的最南端建有大明门（清朝改为大清门，民国时称为中华门），即今天毛主席纪念堂所在的位置。大明门左右两侧各伸出两道红墙，分别向东和向西再向北，并在今

天的东长安街西口和西长安街东口建了长安左门和长安右门。城墙再向北与承天门城墙相接，形成一个"T"字形广场，是举行皇家活动的重要场所，这就是今天天安门广场的雏形。

在"T"字形广场外，明代的政府机构按文东武西的规制排列，东侧为礼部、户部、吏部、兵部、工部、宗人府、鸿胪寺、钦天监和太医院等；西侧为前军都督府、右军都督府、中军都督府、后军都督府、太常寺、通政使司、锦衣卫等。

在清代，以上机构大多沿用了明代旧址，只是清代在锦衣卫旧址上建立了刑部，还增设了都察院、大理寺。

民国初年，政府打破了皇城附近禁止随意穿行的规定，首先开辟了天安门的东西大道，神武门与景山之间也允许市民通过，

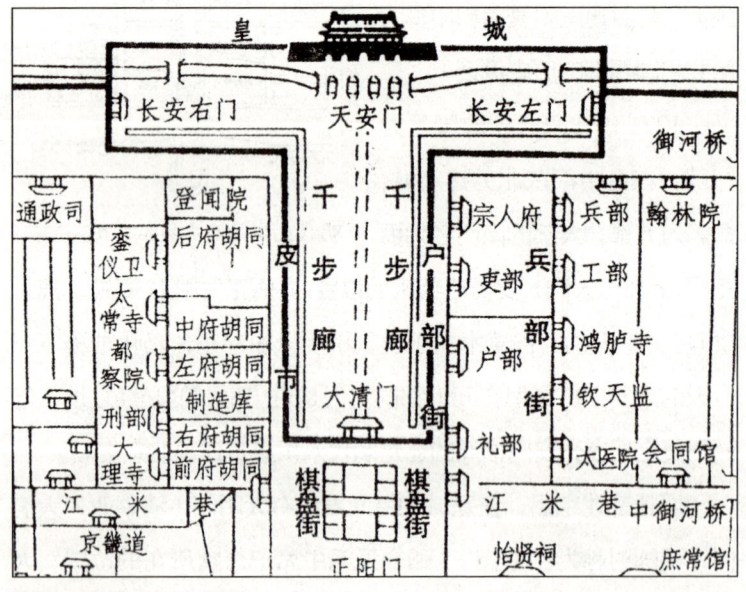

清代天安门广场示意图

从而打通了紫禁城南北和东西两条交通干线。后来又拆除了一些妨碍交通的城墙和侧门,基本形成了一个小的广场。

由于天安门广场的特殊地理位置,这里成为许多重大政治活动举办的场所。

1919年5月4日在北京爆发的五四运动,是中国革命史上划时代的事件,是中国旧民主主义革命到新民主主义革命的转折

五四运动时的天安门广场

点。为了阻止北洋政府在丧权辱国的《协约国和参战各国对德和约》上签字,北京高校3000多名学生冲破军警阻挠,云集天安门广场,举行抗议集会。游行队伍经由东长安街,直奔赵家楼胡同3号,烧了卖国贼曹汝霖的住宅。学生们还聚集在西长安街新华门请愿,得到广大市民的支持。6月3日,北京数以千计的学生又涌向长安街等街道,大批军警闻讯赶到,逮捕了数十名学生

代表。北京学生的爱国运动得到了全国各地学生的声援和社会舆论的广泛支持，却遭到北洋政府的镇压。为了抗议北洋政府逮捕爱国学生，更大规模的抗议活动在全国各地如火如荼开展起来。

1935年12月9日，北平大中学生数千人举行抗日救国示威游行，反对华北自治，反抗日本帝国主义，掀起全国抗日救国新高潮。游行队伍由新华门出发，经过西单、东单、王府井大街、南池子等地，在天安门举行大会。这是中国共产党领导的一次大规模学生爱国运动，很多运动的参与者、领导者后来成为中国共产党的重要领导人。这次运动掀起了全国抗日救国运动的新高潮。

新中国成立时，庄严的五星红旗在天安门广场上冉冉升起，"中国人民从此站起来了"的声音传遍了世界的每一个角落，从此，天安门广场成为举世闻名的广场。

1976年1月8日，周恩来总理去世,全国各族人民无限悲痛。当得知周恩来总理的遗体将要火化时，数十万北京市民自发会集到天安门广场及长安街两侧，人们冒着凛冽的寒风，臂缠黑纱，胸戴白花，伫立在街旁目送灵车缓缓驶向八宝山革命公墓。清明节前后，天安门广场悼念周恩来总理的群众运动达到高潮。对此，当时的中央政治局会议错误地认为群众的行动属于反革命性质，决定从4月4日晚开始清理天安门广场的花圈和标语。一部分群众同工人民兵、警察发生激烈冲突，各地的悼念抗议活动也都遭到破坏和镇压。随后"四人帮"恶意诬陷邓小平为天安门事件的"总后台"。1978年12月，中共十一届三中全会决定撤销中央发出的有关"反击右倾翻案风"和天安门事件的错误文件，全面、彻底地为该事件平反。天安门事件为"文化大革命"的结束和四人帮的覆灭奠定了群众基础，在中国当代历史上具有划时代的意义。

天安门广场3次大规模改扩建工程

新中国成立后，人民政府对天安门广场进行了3次大规模整修和扩建，从而形成了现在占地面积44万平方米的广场。

第一次改扩建工程是在共和国诞生之初。为了迎接开国大典，在1949年8月9日至14日召开的第一届北平市各界代表会议上，做出了整修天安门和天安门广场的计划。修整工程主要包括5个部分：一是开辟一个能容纳16万人的大广场，清除广场地区多年遗留的渣土和障碍物，平整广场地面；二是修缮天安门城楼作为主席台，清除城楼顶上杂草，粉刷城楼和广场四周红墙；三是修建升国旗的设施；四是修补天安门前东、西三座门之间的沥青石砟路面1626平方米；五是美化环境，种树、种花、种草等。修整工程要求于9月底以前必须全部竣工，以便举行开国大典。当青年团北平市筹委会关于全市团员和青年一起来参加修建天安门广场的号召在报上和校内公布后，两天内各校自动报名参加的学生就有1.8万人。因为工作只需要4000人，因此很多学校不得不采取抽签的办法来解决。

在天安门广场上，写有"北平青年建设队""星期六义务劳动队""劳动服务队""建设人民首都"字样的旗帜迎风招展。在锣鼓声中，人们扬起锄头、铁锹和铲子，挖松沙土，铲除石头，

1959年5月人民大会堂施工现场

填平了 300 多个大坑。尽管有不少人在劳动中擦破了皮，手上磨出了泡，但他们仍干劲十足。经过北平军民的突击劳动，天安门广场的清理任务圆满完成。

第二次改扩建工程是在 1959 年。1958 年夏，中共中央政治局扩大会议决定大规模改建天安门广场，迎接新中国成立 10 周年大庆。对此，毛泽东指示：改建天安门广场，要反映出我国历史悠久、地大物博、人口众多的特点，气魄要大，要使天安门广场成为庄严宏伟、能容纳 100 万人集会的世界上最大的广场。周总理遵照毛主席的指示精神，多次强调，广场面貌一定要体现出"人民当家做主"的主题思想和时代精神，并对广场的规划以及建筑物的设计、模型等从指导思想到艺术构思，都做了详细而明确的指示。

1959年9月，古老的天安门经过重修，焕然一新，三面红墙连同阻碍交通的东、西长安门一并彻底拆除。广场西侧是象征着人民至高无上的政治权力的人民大会堂，它是国庆工程中规模最大的一个，东侧是意味着"人民——只有人民才是创造世界历史的动力"的中国革命博物馆和中国历史博物馆，连同广场先已建成的人民英雄纪念碑，形成全国各族人民共同向往的政治活动中心，一个规模雄伟、气势磅礴的人民广场呈现在人们面前。天安门广场改造以其优良的工程质量获得了国家建设部颁发的我国建筑业最高奖——中国建筑工程特别鲁班奖。

第三次改造是在1999年。最初的改造方案有4项内容，即地面铺装、改善照明状况、更新扩声系统和改造金水河喷泉。随着改造工程的进行，又陆续增加了一些项目，包括增加近万平方米的绿地，改造广场地下公共设施，在广场4个角安装4个高杆灯，清洗人民英雄纪念碑，维修天安门城楼、观礼台和天安门院内各种设施等项目。改造后的天安门广场气势更加庄严雄伟，功能更加趋于完善，环境更加优美，充分展现出了国际化大都市城市中心广场的形象。

除了大规模的改扩建，随着时代的发展，天安门广场还增加了一些高科技元素。为了迎接新中国成立60周年，中央决定在天安门广场两侧和人民英雄纪念碑北端两侧安装4块长100米、高7.5米的电子显示屏，实时播放国庆游行的动态。从设计、加工到制作，LED像素材料和关键元器件均选用了国产产品，核心技术为国内自主研发，主要技术均达到了国际同类产品的先进水平。显示屏还具有防水、阻燃等功能,为了防止特殊天气和活动对电子显示屏的影响,还对这 4 块屏幕做了抗雷击等处理,确保电子显示屏能够轻松应对雷雨天气以及庆典中的烟花燃放。国庆结束后,天安门广场西北角和东北角两块较小的显示屏被拆除,人民英雄纪念碑两侧的两块显示屏分别向东、向西平移了十几米,将人民英雄纪念碑的主体结构完全显露了出来,视觉上显得更加美观大气。2010 年 8 月,这两块显示屏更换为更加清晰的 LED 屏幕,现在的屏幕每块面积近 200 平方米。天安门广场是中华人民共和国的象征,中国自主制造的显示屏不仅为天安门广场注入了新的现代科技元素,而且体现了我国民族科技产业的发展水平。

从 2011 年 3 月开始,天安门广场的巡警统一装备了电力驱动单人巡逻车,这种巡逻车是世界新型的动力型环保电动交通工具,一方面提高了出警的机动性和灵活性,同时,也符合现代绿色低碳的理念,成为天安门广场一道亮丽的风景。与此同时,市园林绿化局对天安门广场绿化进行了升级,将

天安门广场单人巡逻车

广场两侧原有的临时性草坪改造为永久性绿化景观，丰富了广场绿化的层次，增加广场的色彩，美化了环境，还起到了缓解区域热岛效应的作用。绿色灌木被修剪成充分反映中华传统文化的"祥云"图案。

重要庆典与活动

天安门广场处于北京城市中心，南北中轴线与东西中轴线相交于此，见证了中国多个重大甚至具有划时代意义的重要庆典与活动。可以说，它的身躯上镌刻了无数的精彩瞬间。

开国大典

1949年初，北平和平解放，历史翻开了新的一页。随着人民解放军在全国各个战场上取得了决定性的胜利，中共中央决定于1949年10月1日成立新中国中央政府，同时举行一个盛大的典礼。为了办好这件中华民族历史上的盛事，成立了以周恩来为主任，彭真、林伯渠、聂荣臻、李维汉等为副主任的开国大典筹备委员会。筹备委员会很快提出了方案：在北平天安门广场举行新中国中央政府成立典礼；在开国大典上举行中国人民解放军阅兵式；在开国大典上举行人民群众游行活动。

1949年10月1日下午3时整，中央人民政府秘书长林伯渠宣布典礼开始，军乐队高奏《义勇军进行曲》，中央人民政府主席毛泽东庄严宣告：中华人民共和国中央人民政府成立了！并亲手启动电钮，升起了第一面中华人民共和国国旗，54门礼炮齐鸣

1949年10月1日开国大典，步兵列队通过天安门广场，接受毛主席等党和国家领导人的检阅

28响，代表中国共产党领导全国人民经历28年艰苦奋斗，最终取得了新民主主义革命的胜利。毛泽东庄严地宣读了《中华人民共和国中央人民政府公告》。

随后，举行了盛大的阅兵式。这次阅兵式是人民解放军建军后的首次庆典。受检阅部队以分列式由东向西在"八一"军旗的引导下，以威武雄壮的军容和整齐的步伐在《人民解放军进行曲》等军乐声中依次经过天安门。最先通过主席台前的是代表人民海军的水兵分队，紧接着步兵师、炮兵师、战车师、骑兵师相继通过主席台。在战车师通过天安门时，人民空军的17架飞机（其中9架飞机两次飞过天安门广场，天安门广场上空共有26架次飞机通过）分别以三机、两机编队由东向西飞经天安门广场上空。顿时，广场和城楼上爆发出如雷如潮的掌声和欢呼声。阅兵式持续了近 3 个小时。

阅兵式结束后是欢腾的群众游行队伍，一队队的群众手举着小旗通过天安门。晚上 9 时 25 分，无数彩色的礼花盛开在夜空中。整整一个夜晚，天安门广场灯火辉煌，首都军民载歌载舞，尽情地欢度这中华人民共和国的第一个夜晚。中国历史从此翻开了新的篇章。

新中国成立 35 周年庆典

1984 年 10 月 1 日上午 10 时中华人民共和国成立 35 周年庆典开始，军乐队高奏国歌，28 响礼炮响彻云霄，五星红旗迎风飘扬。天安门广场上，10 万名身穿鲜艳服装的少先队员、青年学生和青年工人手持着花束轮番变换出 5 个巨大图案：金色国徽和年号"1949—1984"；绿底白字的"祖国万岁"；红底白字的"振兴中华"；绿底白字的"保卫和平"；红底黄字的"中国共产党万岁"。整个广场从空中到地面色彩缤纷，蔚为壮观。

邓小平检阅了由陆海空三军、武装警察和男女民兵、机械化部队等组成的 42 个方队。随后，举行了盛大的阅兵式。中国人民解放军仪仗队、军事学院、海军学院、空军学院、炮兵学院、装甲兵学院和陆军学校的方队依次通过天安门广场。英姿飒爽的女卫生兵方队第一次出现在阅兵序列中。接着，反坦克导弹、火箭炮、火箭布雷车、榴弹炮和加农炮、装甲输送车、坦克车、装甲自行火炮、自行加农榴弹炮、导弹、战略火箭等 24 个机械化方队依次接受检阅。这次阅兵是在"文化大革命"后全面改革开放和现代化建设取得巨大成就的形势下举行的，是中国自改革开

国庆35周年庆典上陆军机械化部队通过天安门广场

放后的首次国庆阅兵,充分展示了中国人民解放军在革命化、现代化、正规化建设方面所取得的巨大成就,其中战略导弹是首次向全世界公开亮相,成为当时世界上最具有轰动性的新闻。

阅兵式后,群众游行开始了。首先进入广场的是整齐、庄严的仪仗队。身穿白色服装的工人和学生,在行进中用红绸条幅平展出国旗;青年们手持粉红色月季花束组成花坛;身穿鲜艳民族服装的各族同胞簇拥着国徽,有20辆大型彩车随着队伍通过天安门广场。其中最值得一提的是,当游行队伍行进至天安门广场时,突然闪现出一条写着"小平您好"的横幅,这是北京大学生物系1981级的同学为了向党表达当代大学生对知识分子政策的赞美,向制定这些政策的邓小平表示敬意而特意制作的。此画面瞬间传遍世界,成为共和国历史上珍贵的记忆瞬间。中午12时,天安门广场上5000多个气球腾空而起。礼花炮声隆隆,孩子们和站在广场四周的几万名群众一起涌向天安门，首都沉浸在一片欢乐的海洋之中。

点燃亚运圣火仪式

中共十一届三中全会后，中国的政治、经济、文化等日益繁荣昌盛。1983年8月23日，经中共中央、国务院批准，中国奥委会向亚洲奥林匹克理事会正式提出在北京举办第十一届亚洲运动会（以下简称亚运会）的申请。1984年9月28日，亚奥理事会第三次代表大会表决通过由中国北京承办1990年第十一届亚运会。

为了办成一次出色的亚运会，党和政府给予高度重视。1990年8月7日，在距西藏拉萨市以北100多千米的念青唐古拉山下，举行了庄严圣洁的第十一届亚运会圣火火种采集仪式，由14岁的藏族少女达娃央宗用双手高举起用木柴从太阳灶上取得的火种，然后护送到北京。

8月22日上午8时4分，中共中央总书记江泽民登上天安门广场南端的点火台，用取自念青唐古拉山下的火种，点燃了第十一届亚运会的第一支火炬。当火焰腾起之际，6万羽信鸽同时振翅直上蓝天，带着亚洲体育史上规模最大的盛会正式拉开序幕的信息向四面八方飞去。"亚运之光"火炬点火仪式虽仅历时7分钟，但意义深远，它标志着中国正式登上了世界综合性体育大赛的主办者之列。杨阳、黄志红、李春阳和许艳梅4名著名运动员作为世界冠军的代表，分路传递主火炬，火炬被传递到火炬接力的4个端点城市——海口、乌鲁木齐、拉萨和哈尔滨，然后再从这4个城市传回北京，传递遍及我国30个省、直辖市、自治区，喻示着亚运圣火传遍祖国的神州大地。

9月20日晚8时20分，经过1.7亿人的传递，行程18万千米的"亚运之光"火炬传送回了天安门广场，由李鹏总理亲自点燃了第十一届亚运会开幕式主火炬的火种。火种在宝鼎里亮起的瞬间，高昂嘹亮的钟鸣响彻了灯火通明的天安门广场。随后，30余米宽的礼花带冲天而起，在天安门前立起一道斑斓闪烁、五彩缤纷的光屏；800名小学生组成的七色光鼓号队奏起欢快的乐曲，3000名中学生点亮彩色手电筒，在盛着火种的宝鼎四周形成面积为527平方米的巨大的北京亚运会会徽，欢声笑语响彻了天安门广场。

迎接香港回归庆典

经历了百年沧桑的香港回归祖国是中华民族的盛事，1997年6月30日晚，北京市各界群众10万人在天安门广场载歌载舞，表达首都人民对香港即将回归祖国的喜悦之情和美好祝福。

人民英雄纪念碑前，一字排开的6个巨型灯箱上书"庆祝香港回归"6个大字，格外耀眼夺目。天安门广场中心和中国国家博物馆前的倒计时牌前搭建起两个大型舞台。22时整，联欢晚会开始，广场上22个焰火点礼花绽开。刹那间，天安门广场上空变成了一个璀璨的世界。伴着雄壮的大鼓，8只雄狮腾挪翻滚，两条长龙蜿蜒起伏，人们以中华民族传统的龙腾狮舞欢庆方式喜迎香港回归。

最引人注目的当数中国国家博物馆前的100盏大红灯笼，象征着香港经历百年沧桑之后终于回到祖国怀抱。红灯映衬着倒计时牌下的"北京祝福你——香港"7个熠熠生辉的大字。中国政府对香港恢复行使主权倒计时牌竖立于1994年12月19日《中英联合声明》签署10周年之际。从此,这个高16米、宽9.6米的倒计时牌便成为天安门广场上的一个重要景观。

中国政府对香港恢复行使主权倒计时牌

当倒计时牌跳出"0"的时候,广场上锣鼓喧天,掌声雷鸣,人们为这一神圣时刻欢呼。北京电报大楼同时奏响《东方红》,歌声划破京城的夜空,回荡在全中国,传遍了全世界,这一刻,中华人民共和国国旗和香港特别行政区区旗在香港庄严升起,香港终于回到了祖国的怀抱。

迎接澳门回归庆典

1999年12月20日,我国政府对澳门恢复行使主权。12月19日晚,北京市各界群众3万人冒着凛冽的寒风,在天安门广场举行了盛大的联欢活动。

23时15分,规模宏大的联欢晚会在天安门广场开始了。雄狮腾跃,巨龙飞舞,在龙腾狮舞的变幻中构成了中国版图。在天安门广场群众联欢区,来自北京市东城、西城、宣武、崇文4个城区的群众代表,演出了丰富多彩的文艺节目。

中国国家博物馆前的"中国政府对澳门恢复行使主权倒计时牌"竖立于 1998 年 5 月 5 日,这一天是澳门特别行政区筹备委员会正式成立之日。倒计时牌前的舞台成为北京市人民迎接澳门回归祖国联欢晚会的中心,舞台中央是一朵直径 10 米、高 3 米的莲花,周围彩旗飞舞,红灯高挂,"澳门你好"4 个大字熠熠生辉。

23 时 35 分,伴随着冲天的礼花和广场上的欢呼雀跃,大型音乐舞蹈节目《澳门你好》将联欢推向了高潮。20 日零时,矗立在北京天安门广场东侧的澳门回归倒计时牌显示出"0 天 0 秒",天安门广场礼花齐放,人们载歌载舞,澳门终于回到了祖国的怀抱。

新中国成立 50 周年庆典

首都各界庆祝中华人民共和国成立 50 周年大会于 1999 年 10 月 1 日在天安门广场举行。50 万各族军民以盛大的阅兵仪式和群众游行欢庆伟大祖国的这一盛大节日。

阅兵式上,来自陆军、海军、空军、武装警察部队、民兵预备役的 1 万多名官兵和 400 多台战车、火炮、各种导弹等,分别组成 17 个徒步方队和 25 个车辆方队通过天安门广场。此次受阅的 42 种装备,90% 以上都是新装备,绝大部分都是自行设计和生产的,首次展示的空中加油机标志着中国空军的远程作战能力有了突破性进展。共和国成立 50 周年大阅兵,是新中国成立以来军兵种最齐全、武器装备最先进、科技含量最高的一次阅兵,标志着中国军队建设进入了一个新的发展阶段。

阅兵式结束后,在《歌唱祖国》的乐曲声中,群众游行队伍

国庆50周年中国人民解放军女兵方队接受检阅

紧随受阅部队进入天安门广场。在"国旗""国庆""国徽"3个仪仗队方阵后,欢乐的游行队伍依次展示了"开国·创业""改革·辉煌""世纪·腾飞"3个主题,生动地反映了新中国成立50年特别是改革开放20年来,在以毛泽东、邓小平、江泽民为核心的三代中央领导集体的带领下发生的翻天覆地的变化。

与以往相比,50周年国庆盛典创下一连串之最:最多样化的方队——参加游行的共有38个方队;最浪漫的方队——由75对新婚夫妇组成的方队,他们分别穿着西装和婚纱,手持百合花和康乃馨走过天安门广场;最多的游行彩车——参加游行的彩车共有90多台,除全国31个省、自治区、直辖市均设计制作了彩车外,港澳台也各制作了一台,充分显示各地的地域风貌和特色。

"世纪颂歌""东方之光""祖国颂"等新式礼花在天安门广

场等 11 个燃放点竞相绽放。随着撼天动地的鼓声,由"贺神州普天同庆""吟中华流光溢彩""颂祖国万众欢腾"3 个部分组成的大型文艺演出揭开序幕。在金水桥前长 278 米、宽 60 米的中心表演区,来自全国 14 个省、自治区、直辖市的 1 万多名演员以行进表演的方式,将我国各地区、各民族千姿百态的鼓舞、灯彩、戏曲、歌舞一一展现,抒发了对祖国的热爱。

新中国成立 60 周年庆典

2009 年 10 月 1 日上午,首都各界庆祝中华人民共和国成立 60 周年大会在天安门广场举行。10 时整,中共中央政治局委员、北京市委书记刘淇宣布庆祝大会开始。中共中央总书记、国家主席、中央军委主席胡锦涛乘车沿着宽阔的长安街,依次检阅了由中国人民解放军陆海空三军和人民武装警察部队、民兵预备役部

首都各界庆祝中华人民共和国成立60周年

队组成的44个地面方队。10时37分，阅兵式开始。这次阅兵是新世纪的第一次阅兵。一共有56个方队和梯队接受检阅，其中徒步方队14个，装备方队30个，空中梯队12个。这次阅兵重点展示了新中国成立60年来特别是改革开放30年来国防和军队建设的成果，要素之全、装备之多、兵种专业之广，都超过以往历次阅兵。中国空军首批16名战斗机女飞行学员，首次驾驶歼击机参加空中受阅。

阅兵式后，群众游行开始。由10万名各界群众、60辆彩车组成的36个方阵和6节行进式文艺表演依次通过天安门广场，与广场上8万青少年呈现的背景图案相呼应。游行活动流动地演绎了新中国60年的发展史，表达出对未来的美好祝愿。群众游行以"我与祖国共奋进"为主题，分为"思想篇""成就篇""未来篇"三大篇章和"奋斗创业""改革开放""世纪跨越""科学发展""辉煌成就""锦绣中华""美好未来"7个部分，由近20万群众和60辆彩车组成。

20时，首都各界庆祝中华人民共和国成立60周年联欢晚会在天安门广场隆重举行，晚会以"礼赞祖国、讴歌时代、振奋民心"为主题。党和国家领导人及首都各界代表一起登上天安门城楼，同首都各界群众齐聚一堂，一起载歌载舞，观看精彩的文艺演出和绚丽的大型焰火表演。晚会历时100分钟，共分为"和谐中国""腾飞中国""崭新中国""同歌共舞"4个联欢表演板块，近6万人参加表演。晚会上，解放军战士与"发光树"共同完成"光立方"表演，网幕烟花与特型焰火盛大燃放，数十位著名歌手不间断地联唱,民族舞蹈与民众联欢异彩纷呈。焰火表演时,从建国门立交桥到复兴门立交桥的长安街上,特效焰火装置自东向西发射出,60只鸽子飞过天安门广场。

天安门广场既镌刻了共和国的历史,也展现了共和国的现在,更预示着共和国美好的未来。

天安门城楼

天安门城楼位于天安门广场北端,面临长安街,是中国古代最壮丽的城楼之一,并以其杰出的建筑艺术和特殊的政治地位为世人所瞩目。

"靖难之役"后,明成祖朱棣即位,年号为永乐,将都城由南京迁至京师,并改北平为北京,从此开始大规模地营建宫殿楼阁。据史书记载,明永乐十五年(1417年),皇城的正门——承天门开始动工兴建,永乐十八年(1420年)建成。建成后的承天门为黄瓦飞檐三层楼式,因其完全仿照南京的承天门而得名,被视为皇帝承天命和敬天之地,取"承天启运,受命于天"之意,这就是最早的天安门。

明英宗天顺元年(1457年),承天门被烧毁。宪宗成化元年(1465年),工部尚书白圭主持重新修复了承天门,由原来的五间扩大为九间,并且将牌坊式改为宫殿式结构,基本具有了现在天安门的规模。明末战乱中,承天门被焚毁。清顺治八年(1651年)重新修建,新建城楼高33.7米,广九间,进深五间,以示皇

天安门城楼

帝的"九五之尊",并正式改名为"天安门"。

清朝为什么把"承天门"改称为"天安门"呢?这是因为清朝贵族入主中原后,为了达到长治久安的目的,除了采取一些必要的措施外,还在宫殿和城门的名称上煞费苦心。由于当时接连不断的反清斗争威胁着清王朝的统治,因此统治者以"和""安"为策略,以求达到统治的长治久安。顺治帝将紫禁城前朝三大殿分别改名为"太和殿""中和殿""保和殿",都带有一个"和"字,而将皇城的4个门分别命名为"天安门""地安门""东安门""西安门",都带有一个"安"字,"天安门"取"受命于天,安邦治国"之意,寓有"外安内和,长治久安"的含义。天安门这个名称沿用至今。

天安门的建筑面积为2000多平方米,有60根成行排列的柱子。《大清会典》中称为"雕扉三十六",意思是每间有 4 扇红色油漆的菱花窗门下都有雕花裙板,四周有汉白玉栏杆,望柱上有莲瓣瓜头,柱子之间的栏板为荷瓶雕刻。此外,城楼上方是形如龙爪菊一样的斗拱,梁枋上有华丽的缠枝莲和宝珠吉祥草的彩绘;暗檐处多是青、蓝、绿等,与鲜艳的红柱、红墙交相映衬,十分美观。

城楼上,东西两侧各建有 3 间黄瓦红墙、红窗的小房子,这是守卫天安门城楼的护军的住房。天安门城楼由汉白玉的须弥座和砖石组成。须弥座高 1.59 米,砖台高 13 米,用每块 42 千克的大砖石砌成,砖缝间灌的是糯米石灰汁,非常结实和坚固。

天安门城楼有 5 个门洞,即"五阙",门洞呈券形,大小不一,中间的门洞最宽,为 5.25 米,高 8.82 米,为皇帝通行之用。两侧对称的门洞宽度依次为 4.43 米和 3.38 米。每个门洞都有两扇朱红的大门,门上装饰有 99 个镀金的门钉和龙头铺首。

明、清两代,天安门是皇帝进行活动的重要地方之一。每逢冬至祭天、夏至祭地、孟春祈谷、仲夏亲耕以及皇帝大婚、出兵等隆重的典礼,皇帝及随从人员都要从天安门出入。另外,皇帝登基、册立皇后和皇太子等也都要在天安门城楼上举行颁诏仪式,这个仪式称为"金凤颁诏"。据《日下旧闻考》记载:"凡国家大事,覃恩,宣诏书于门楼上,由垛口正中,承以朵云,设金凤衔而下焉。"诏书是两尺宽两丈长的硬黄纸,边上饰有金龙,纸上写着诏令的缘由和内容。明代颁诏时,用一根龙头杆系彩绳顺墙而下。清代颁诏时,在天安门正中设宣诏台,宣诏后,众官员行三拜九叩礼,宣诏官将诏书放在一个四周雕刻云状的镀金圆木盘内，名为"朵云"，然后来到城楼正中，将诏书用黄丝线悬系在一个木雕金凤的口中，金凤口衔诏书徐徐而下，好像天子之命由金凤乘祥云自天空降落到人间。礼部官员用云朵盘接下诏书，放入龙亭后送到礼部，由礼部将诏书印好颁行天下。这个过程称为"金凤颁诏"。

历史上最后一次在天安门城楼举行的"金凤颁诏"仪式是1912年2月12日颁布末代皇帝溥仪的退位诏书。1月，隆裕太后迫于革命形势连续召开了几次御前会议，决定同意接受共和政体，在获得清帝退位的优待条件后，于2月12日在养心殿举行的最后一次朝会上，以宣统皇帝的名义颁布退位诏书。诏书长53厘米，宽21.5厘米，仍然按照以前"金凤颁诏"的程序颁布，这个诏书的颁布标志着清王朝的灭亡，在中国历史上延续了两千多

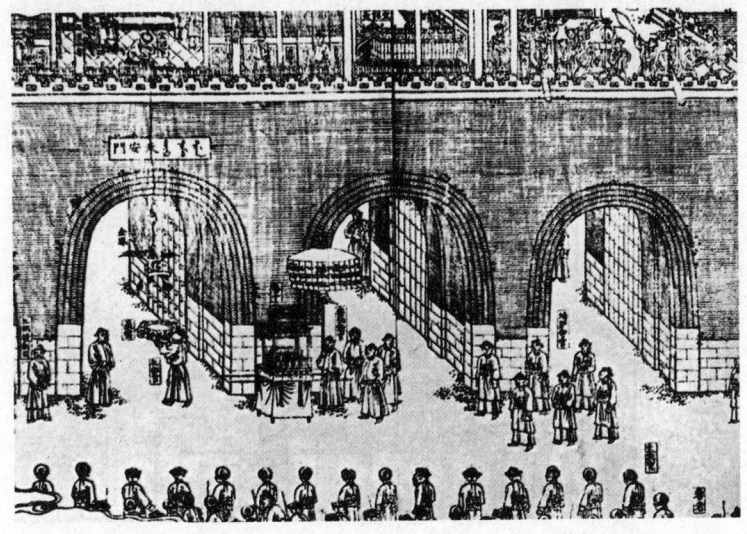

清代"金凤颁诏"仪式

年的封建王朝从此宣布结束，而作为历史见证的《清帝退位诏书》现存于中国国家博物馆内。

自1949年开国大典起，天安门城楼正中就一直悬挂着毛泽东主席的画像，几十年间，画像曾几次更换，历年来绘制毛主席画像的人是谁呢？

新中国成立前夕，按照开国典礼筹委会的布置，要在天安门城楼红墙中央悬挂毛主席的巨幅画像。筹委会把这项任务交给了国立艺专实用美术系教师周令钊。周令钊所画画像的原型是新华社摄影局的郑景康在延安给毛主席拍下的照片：毛主席头戴八角帽，身着粗呢子制服，脸庞稍仰，带着慈祥的笑容。画像即将完成时，聂荣臻指出，虽然照片上毛主席的衣领是敞开的，但开国大典要庄重严肃，因此，衣领应改为中山装样式。于是，周令钊和他的学生们重新改画了衣领。9月底，毛主席的巨幅画像挂上了天安门城楼。

在1950年国庆典礼时，中央决定，因为新中国已经成立，毛主席画像不应再以八角帽和战争年代的衣着出现，因此需要重新画。北京市人民美术工作室的辛莽应胡乔木邀请来到中南海，完成了画毛泽东巨幅画像的任务。这次画像挂出后反响非常好。

1953年至1964年的毛主席画像由我国著名肖像画家张振仕所画。自1964年起，著名画家王国栋承担起了这项任务。他通过中西结合的方法使主席画像越发显示出领袖的风度和神采，普遍为广大人民群众所接受。

1978年，年轻的画家葛小光承担起绘制画像的重任。葛小光师从王国栋,画室在天安门城楼的西北角,是一座面积为90平方米,高8米多的铁棚子。绘制工作一般在每年8月中旬开始,9月下旬完成。

开国大典前,天安门城楼经过修整,焕然一新。除了毛主席画像,城楼上还有两条巨幅标语,一条是"中华人民共和国万岁",另一条是"中央人民政府万岁"。1950年国庆时天安门城楼东侧的"中央人民政府万岁"改为"世界人民大团结万岁"。

1949年10月1日,毛泽东主席在这里庄严宣告:"中华人民共和国成立了,中国人民从此站起来了。"并亲自升起了第一面五星红旗。由于没有合适的国徽,开国大典时没能在天安门城楼上悬挂新中国国徽,这不能不令人感到遗憾。正是在这种背景下,为了赶在1950年的国庆节挂上国徽,全国政协决定分别组成以梁思成、林徽因为首的清华大学营建系设计组和以张仃、钟灵为首的中央美术学院设计组,开展国徽设计竞赛。在近一年的时间里,两组专家提出多种设计图案,国徽审查小组一审再审,设计专家根据评审意见、建议一次次修改。

1950年6月20日,周恩来主持审议国徽设计方案的会议,经过讨论和比较,会议确定了清华大学营建系设计组的方案。"图案以国旗上的金色五星和天安门为主要内容。五星象征中国共产党的领导与全国人民的大团结;天安门象征新民主主义革命的发源地与在此宣告诞生的新中国。以革命的红色作为天空,象征无数先烈的流血牺牲。底下正中为一个完整的齿轮,两旁饰以稻麦,象征以工人阶级为领导,工农联盟为基础的人民民主专政。以通过齿轮中心的大红丝结象征全国人民空前巩固地团结在中国工人阶级的周围。"6月23日，全国政协一届二次全体会议通过了国徽设计方案，天安门城楼作为中国人民反帝反封建的民族精神象征，正式出现在中华人民共和国国徽中。9月20日，中央人民政府主席毛泽东命令公布国徽图案。

中央美术学院设计组提交的国徽图案

　　新中国成立后，天安门城楼经历过多次维修加固，但安全问题始终未能彻底解决。特别是1969年河北省邢台地区发生强烈地震，造成天安门城楼的损坏、变形更为严重。为了确保安全，1969年底，国务院决定彻底拆除天安门城楼，在原址按原规格和原建筑形式重新修建一座天安门城楼，建筑材料全部更新。由于天安门城楼结构复杂、工艺难度大，中共中央和国务院组成了由总参、北京卫戍区、北京市革命委员会等有关部门参加的天安门城楼重建领导小组。被指定承担这项任务的北京第五建筑工程公司（现北京建工集团五建公司）选派了政治可靠、技术过硬的精兵强将，按部队编制组成了木工连、瓦工连、彩油连、架子工连和混合连5个施工队。从1969年12月15日正式开工，到1970

年4月7日竣工，整个工期只花了114天。重修后的天安门城楼比原来"长高了"83厘米，恢复了史料记载的原始高度。同时，在完全保留原有的外形、结构布局的基础上，按9级抗震能力设防，极大地增加了建筑安全系数。另外，重修后加装了电梯，增设了供电照明、上下水、热力暖气、电话、电视广播、新闻摄影等现代化设施，并将天安门底座两侧的"世界人民大团结万岁"和"中华人民共和国万岁"标语牌改为玻璃钢材料，外包铁角。

国庆35周年和国庆50周年庆典前夕，天安门城楼又经历了两次较大规模的维修，大殿天棚顶恢复了原有的"金龙和玺"彩画。

说到天安门城楼正式向国内外游客开放，还要追溯到1988年1月1日，这是北京国际旅游年的第一天，当天约有2000名游客登上天安门城楼参观游览。与其他地方对公众开放不同，天安门城楼从宣布中华人民共和国成立那一刻起具有极为特殊的政治意义，甚至可以说是国家的象征。不少群众和一些中央领导同志曾多次呼吁向群众开放天安门城楼。1986年5月1日，天安门城楼开始有组织地接待参观者。当时的参观者主要是中央或驻京部队一些会议的与会者、人大代表或劳动模范。1987年，北京市旅游局向北京市政府及中央递交了开放天安门城楼的报告，最终获得批准。

天安门城楼的开放过程，也可以说是中国走向开放的一个缩影。现在，古老而又崭新的天安门城楼每天都敞开它那宽阔的胸怀，迎接着来自世界各地的八方宾朋。

国旗旗杆

天安门广场国旗旗杆位于广场北端，处于广场南北中轴线上，是专门用作升降国旗所使用的旗杆，是中华人民共和国的标志之

国旗升降台

一.《中华人民共和国宪法》规定：天安门广场是每日升挂国旗的地方之一。

中华人民共和国的第一根国旗旗杆是 1949 年 10 月 1 日开国大典时毛泽东主席在天安门广场亲自按下电钮升旗时所用的旗杆。旗杆总高度为 22.5 米，由钢管焊接而成。杆下有 4 平方米的方形基座，围以汉白玉石雕栏杆。中华人民共和国的第一面国旗即从此杆升起，此后这根旗杆一直使用了 42 年之久。

最初，天安门广场的升旗仪式并没有专业升旗手，由于升旗的电力系统是由北京电力局设计的，因此升旗的任务最初一直由北京供电局负责。1951 年至 1976 年的 26 年间，由北京市供电局工人胡其俊负责。每次他都是早上带着国旗到广场升起来，晚上再降下带回。胡其俊成为迄今为止在天安门广场升旗时间最长的人。1977 年底至 1982 年 12 月，由卫戍部队的两名战士担负升国旗任务，一人引路，一人扛旗。

1982 年 12 月 28 日，原武警北京总队第六支队十一中队五班——也是今天的"国旗班"，进驻天安门广场执勤，担负天安门广场国旗升降和守卫的任务，并逐步制定了一套仪式，同时与天文台合作，保证国旗与太阳同时升降。从此，天安门广场上有了第一套规范的国旗升降仪式，这个班被人们称作"天安门国旗班"。这一仪式沿用了 8 年，直到 1991 年。

1991 年，天安门广场扩建为 40 万平方米（1949 年时约 11 万平方米），原旗杆在广场中已略显偏低，并且也有老化的趋势。经过专家的计算与论证，于 1992 年 2 月对国旗杆和基座进行了改造。新旗杆仍位于广场南北中轴线上，但比第一座旗杆南移了7米。旗杆由原来的22.5米增加到32.6米，地面以上高30米，比第一座旗杆地面以上高8米，使升旗、降旗仪式更加神圣、庄严。新旗杆总重量约7吨，由无缝钢管焊接而成。基座占地400平方米，内层为6米见方的旗杆基座，座高45厘米，四周围以90厘米高的汉白玉石雕栏杆。中层为赭色花岗岩地面带，外层为草坪绿化带。

与此同时，升旗仪式也进行了第二次改革，由原来3名武警战士组成的升降国旗仪式，改为36名武警官兵。每逢重大节日和每月逢"1"（即每月1日、11日、21日）时，还有62名军乐队员现场演奏国歌，再加上2名升旗手，总共100人，使升旗仪式更加庄严、隆重。与以往大升旗一样，升旗现场演奏三遍国歌，以配合与太阳同步升起。平日升旗仪式由国旗护卫队38人实施，升旗时播放《国歌》录音。降旗由国旗护卫队单独实施，没有音乐。

1992年12月，经国务院和中央军委批准，在原来国旗班的基础上，扩建成立国旗护卫队，即中国人民武装警察部队北京市总队第二师十四支队二大队六中队。这种升旗仪式沿用至今。2004年6月1日起，取消原定的每月3次大升旗，武警军乐团只在每月第一天及重大节日时参加升国旗仪式。

广场上的国旗即使未受损，悬挂的最长时间也不能超过10天。每逢重大节日，必须更换新国旗，以确保国旗的圣洁和完整。初步计算，新中国成立以来在天安门广场至少升起过4000多面国旗。开国大典时所用的国旗已作为国家一级文物保管在中国国家博物馆，历次国庆庆典上所升降的国旗曾随"神舟"一号宇宙飞船翱翔太空，现在也被有关部门收藏。

国旗是一个国家的象征，也是一个民族的骄傲，国旗带给人们荣耀和爱国情结，这种情结随着时间的延续不断地沉淀，沉淀到每一个中国人的记忆里。现在，北京人和全国各地来京旅游、办事的人们总是会怀着神圣而又兴奋的心情，会集到天安门广场观看升降旗仪式，人们在这个庄严的仪式中寻找着对国家、对民族的认同。

人民英雄纪念碑

人民英雄纪念碑位于天安门广场中心，距离天安门约463米，距离正阳门约440米。纪念碑总高37.94米，碑身是一块长14.7米、宽2.9米、厚1米、重达60多吨的巨石。碑身正面（北面）镌刻毛泽东题词"人民英雄永垂不朽"8个镏金大字；背面是毛泽东起草、周恩来题写的碑文："三年以来，在人民解放战争和人民革命中牺牲的人民英雄们永垂不朽！三十年以来，在人民解放战争和人民革命中牺牲的人民英雄们永垂不朽！由此上溯到一千八百四十年，从那时起，为了反对内外敌人，争取民族独立和人民自由幸福，在历次斗争中牺牲的人民英雄们永垂不朽！"碑身两侧装饰着用五星、松柏和旗帜组成的浮雕花环，象征人民英雄的伟大精神万古长存。

碑座分两层，四周环绕汉白玉栏杆，四面均有台阶，下层

人民英雄纪念碑

座为海棠形,东西宽50.44米,南北长61.54米,上层座呈方形,台座上是大小两层须弥座,上层小须弥座四周镌刻着以牡丹、荷花、菊花、垂幔等组成的8个花环,象征着高贵、纯洁和坚忍,表示全国人民对英雄们永远的怀念和敬仰。下层须弥座束腰部分四面按照时间顺序镶嵌着8块巨大的汉白玉浮雕,即"虎门销烟""金田起义""武昌起义""五四运动""五卅运动""南昌起义""抗日游击战争""胜利渡长江"。在"胜利渡长江"的浮雕两侧,还有两幅以"支援前线"和"欢迎中国人民解放军"为主题的装饰浮雕。浮雕高2米,总长40.68米,雕刻着170多个人物,形象地反映了中国人民100多年来,特别是中国共产党领导下的反帝反封建的革命斗争的历史。人民英雄纪念碑庄严而宏伟,与天安门、正阳门组成了一个和谐一致的、完整的建筑群。

纪念碑东侧的第一幅浮雕是"虎门销烟",描述的是鸦片战争前夕群众在虎门销毁鸦片的事迹,表现了中国人民反抗帝国主义的坚定决心。第二幅浮雕是 1851 年太平天国的"金田起义"。太平天国是中国民主主义革命的序幕,严重地动摇了清朝封建统治的基础。在这幅浮雕上,一群拿着大刀、梭镖、锄头,扛着土炮起义的汉族、壮族人民的儿女,正从山坡上冲下来,革命的旌旗在迎风飘扬。

纪念碑南侧的第一幅浮雕是 1911 年辛亥革命"武昌起义"的庄严画面。起义的新军和市民摧毁了湖广总督门前的大炮,正向总督府里冲去。辛亥革命结束了两千多年来的封建帝制。接下来的一幅浮雕是"五四运动",这是中国民主革命由旧民主主义革命转变为新民主主义革命的转折点。浮雕呈现出了学生们齐集于天安门前举行爱国示威游行的情景。南面的第三幅浮雕是"五卅运动",表现了由工人阶级领导的各界人民坚强不屈地向帝国主义斗争的情景。画面上成千上万的工人、学生、市民举着"打倒帝国主义"的小旗,冲破英国巡捕的沙袋、铁丝网英勇地前进。

碑身西侧的第一幅浮雕是"南昌起义"。画面从一个连队的角度来表现这一伟大起义的情景。1927 年 8 月 1 日早晨,一个连队的连长,挥着右手向战士们宣布起义,士兵们举着起义的信号——马灯。从这时起,中国人民有了自己的武装部队。紧接着的一幅浮雕是"抗日游击战争",显现出抗日战争时期太行山区敌后游击战的场面。在雄伟峻峭的半山腰里,游击队员们穿过高大的树林和茂密的青纱帐和敌人去战斗。

纪念碑的北侧是解放战争时期人民解放军百万雄师"胜利渡长江"的浮雕,这是最大的一幅浮雕。浮雕上,中国人民解放军号兵吹起冲锋号，指挥员右手高举，已登上敌岸的战士向国民党反动统治的老巢——南京城冲去。背后，数不清的战船正在波涛中前进。在这幅浮雕的两旁是两块装饰性的浮雕。左边是渡江前夕，工人抬着担架、农民运送军粮、妇女送军鞋等热烈支援前线的场面。右边的一块表现全国各阶层人民举着红旗和鲜花，双手捧着水果，欢迎解放军、慰劳解放军的情景。

新中国成立前夕，如何纪念在人民解放战争和人民革命中牺牲的人民英雄、缅怀他们的丰功伟绩成为中国人民政治协商会议的一项重要议题。1949年9月30日，中国人民政治协商会议第一届全体会议通过了在首都建立人民英雄纪念碑的决议。北京市都市计划委员会随即向全国各建筑设计单位、大专院校建筑系发出征选纪念碑规划设计的通知。到1951年，收到140多件各种形式的设计方案和设计修改方案（截至最后定案时共收到240多件）。海外华侨也积极献计献策，陈嘉庚组织华侨绘制了图纸，并制作了水泥柱头模型，寄给人民英雄纪念碑建造工程处。1952年5月10日，首都人民英雄纪念碑兴建委员会正式成立。该委员会主任由当时北京市委书记彭真担任，副主任由著名建筑家梁思成担任，秘书长为薛子正。

为了体现周恩来总理关于建筑纪念碑的目的在于"纪念死者，鼓舞生者"的指示，1953年3月，纪念碑兴建委员会从240多种设计方案中精选出8种，向专业设计人员广泛征求意见。这8种设计方案包括：矮而分散的典型设计，高而分散的典型设计，做成三座门的设计，矩形主柱式碑型——高的典型设计，有瞭望台的设计，红墙上立碑的设计，碑顶立群像的设计和最终被采用的碑型设计。

关于纪念碑建在何处，曾有多种提议，经过广泛的讨论，最后，中国人民政治协商会议决定建在全国人民的政治活动中心——天安门广场。至于具体的落成位置，还有一个细节特别值得一提：1949年9月30日，第一届政协会议闭幕后，毛主席带领中央领导在夜色中为人民英雄纪念碑奠基，由于较为匆忙，未顾及整个广场的布局，待到深化设计时发现奠基的位置离天安门和旗杆太近，当时还在酝酿碑身加高，如此就更会觉得空间局促。后来经过数次方案设计，最终由北京市规划局的赵冬日敲定放在绒线胡同东部路口。这个位置无论当时还是现在看来，都是非常合适的，即处于中轴线上略微偏南的位置上，为新中国成立10周年规划人民大会堂和革命历史博物馆的设计选址留有余地，使得这3个建筑物与天安门之间形成菱形关系，不同的位置都有非常好的视角。这种先建碑，再根据它来规划天安门广场和周围建筑的建设方式，在世界广场建筑史上是没有先例的。

纪念碑碑身的朝向也曾进行过调整，毛主席题字的一面是正面，按照中国传统，要朝向南方，但是在建造过程中发现，人流主要是从长安街进入天安门广场，观众多集中在广场的北部，这样就看不到碑的正面，在天安门广场有大型纪念活动时更是这样，因此决定一反传统，调转方向，正面面对北面的天安门。当时，巨大的碑心石已经运至工地南头，而天安门广场原千步廊的长墙尚未拆除（直至国庆10周年期间广场才扩大），因而空间局促，要想把这样长的一块巨石再从南向北转向是非常困难的,经过集思广益,问题最终得以解决。这一举措对后来广场的扩建,特别是毛主席纪念堂的面向问题,起了决定性的作用。

1958年4月22日,人民英雄纪念碑建成,碑身正面是毛泽东亲笔为纪念碑写的题词:人民英雄永垂不朽。而为了完美地将毛主席的题词镌刻到石碑上,就不得不提到一位著名的书法篆刻家魏长青。毛主席写在信纸上的题字原稿每个字只有6.6厘米见方,要把这些字刻在一块高14.7米、宽2.9米、厚1米,重达60余吨的巨大花岗岩碑心石上,首先要把字放大20倍。按当时的方法,原拟以幻灯投影将字放大,但试验后发现,虽然尺寸不差,题字却失去了原有的神韵。应邀参加建碑的魏长青被推荐出来解决难题。他仔细分析了毛泽东主席手书的特征,采取手工放大的办法精心描绘,然后将加工后的大字用照相的方法缩小20倍,再与原作相对照,精心修改,如此反复,直至惟妙惟肖。字体放大问题攻下后,篆刻又遇难关。因碑心石硬实而坚脆,劲小了刻不动,力道稍大则一錾就崩。魏长青依据自己篆刻的实践,建议把胶皮覆盖在碑体上,然后将需要錾字部位的胶皮拉下来,形成"阴文"轮廓,再以高压空气加金刚砂往花岗岩碑心上喷射。这样,一个个边缘整齐的大字终于被刻到碑上。

无论是日理万机的国家领导人,还是殚精竭虑的建筑师、雕塑家,还包括哪怕至今仍是默默无闻的石匠、技工,无数的人们以忘我的工作热情全身心地投入,终于在天安门广场上树立起了一座时代的丰碑。

毛主席纪念堂

　　毛主席纪念堂位于天安门广场南侧，南北长260米，东西宽220米，占地面积57200平方米，总建筑面积33867平方米，始建于1976年11月，1977年9月9日举行了落成典礼，是以毛泽东为核心的党的第一代革命领导集体的纪念堂。

　　1976年9月9日，中国人民的伟大领袖毛泽东主席溘然长逝。1976年10月8日，中共中央做出了修建毛主席纪念堂的决定。然而，纪念堂的位置应选在何处呢？北京、天津等8省市选派最优秀的建筑师会聚北京，组成选址设计工作组，决定建在天安门广场人民英雄纪念碑之南。在不拆除正阳门的前提下，将纪

毛主席纪念堂

念堂设在纪念碑与正阳门正中的位置，等距各 200 米，也就是原中华门的位置。1976 年 11 月 9 日，毛主席纪念堂工程现场指挥部成立，时任北京市建委副主任的李瑞环担任总指挥，国务院副总理谷牧负责纪念堂建设的领导工作。1977 年 5 月 4 日，毛主席纪念堂竣工。1977 年 8 月 18 日，水晶棺移入纪念堂。8 月 20 日，毛主席遗体移入纪念堂。

纪念堂的主体建筑长、宽各 105.5 米，高度为 33.6 米。这座方形建筑地下和地上各一层，台基用来自大渡河畔的枣红色花岗石砌成，汉白玉栏板上雕刻着象征江山永存的万年青。基座高 4 米，座上矗立着 17.5 米高的 44 根花岗岩廊柱。1976 年 11 月 24 日奠基典礼时所埋的基石就在此台基下方，基石周围砌进了来自珠穆朗玛峰的石头，浇灌了台湾海峡的水。在这座恢宏殿堂里的南、北门台阶中间各有两条汉白玉垂带，上面雕刻着葵花、万年青、蜡梅、青松图案。正门上方镶嵌着由时任中共中央主席华国锋题写的汉白玉金字匾额"毛主席纪念堂"。

纪念堂由北大厅、瞻仰厅、南大厅组成。北大厅是举行纪念活动的地方，宽 34.6 米，进深 19.3 米，高 8.5 米。厅内有 1 米见方的 4 根大柱子，顶上是 110 盏葵花灯，地面铺的是杭州产的灰色大理石。中央是高达 3.45 米的用汉白玉雕塑的毛泽东坐像，面含微笑，端庄安详。坐像背后的墙上悬挂着一幅大型绒绣——"祖国大地"。

瞻仰厅是纪念堂的核心部分，大厅正面白色大理石墙壁上镶嵌着金光灿灿的大字："伟大的领袖和导师毛泽东主席永垂不朽"。

毛主席纪念堂南门前的雕塑

大厅中央安放着水晶棺，距地面 80 厘米，围以万紫千红的鲜花，簇拥着由黑色花岗石砌成的梯形棺座，四周嵌着党徽、国徽和军徽。毛主席的遗体身着灰色中山装，覆盖着鲜红色的党旗。水晶棺的制作和安放有极高的技术要求，既要防水防尘，又要防震，夜晚还要降至地下以便于保存。周围的各种绢花、松枝也是防水防尘的，可以长时间不褪色。

南大厅为出口大厅，白色的大理石墙面上镌刻着毛主席手书的《满江红·和郭沫若同志》。以后，又先后开辟了毛泽东、刘少奇、周恩来、朱德、邓小平、陈云等先辈的革命业绩纪念室。通过大批文物、文献、图片、书信，反映了 6 位领导人在创建中国共产党、缔造人民军队、创建中华人民共和国、领导社会主义建设等方面的丰功伟绩。据统计，6个纪念室共陈列文物102件、图片490张、文献224件。在陈列形式上，采用了较先进的制作材料和工艺。每个纪念室都增设了等离子超薄电视和电子资料触摸屏，可播放展现伟人风采的资料片，调阅反映伟人思想、风范的格言。

纪念堂北门前有以中国革命史诗为内容的两组泥塑，东侧表现的是新民主主义时期，西侧表现的是社会主义建设时期。南门是以继承毛主席遗志、各族人民显示出无比信心为内容的两组泥塑。4组泥塑共有62个人物，由来自全国18个省市100多名雕塑家完成。全部塑像用泥200多吨，历时5个月。纪念堂的全部工程仅用了6个月，1977年9月9日正式对外开放。

人民大会堂

人民大会堂位于天安门广场西侧，是全国人民代表大会和全国人大常委会办公的地方，是党中央、国务院和各人民团体政治活动的重要场所。党和国家领导人经常在这里接见外国元首，进行重要的国际会晤，以发展友好往来，促进世界和平。

1956年9月中共八大后，我国进入了全面建设社会主义的新阶段。为了适应国家政治生活的需要，也为了迎接中华人民共和国成立10周年，1958年9月初，中央决定在北京建设十大建筑，以展现新中国成立10年来的建设成就。人民大会堂是十大建筑中规模最大、内容最复杂、要求最高的建筑之一。人民大会堂由中国工程技术人员自行设计、施工，于1958年10月动工，1959年9月建成，仅用了10个多月的时间，是中国建筑史上的一大创举。

在建设人民大会堂之前，首先要决定工程的具体内容、选址、周围的环境规划和建筑物的规模、定额等，经北京市政府研究提议和中央决定，将人民大会堂和另一座国庆工程——中国革命历史博物馆选址建在天安门广场的东西两侧。这两座建筑建成之后与原有的天安门、正阳门东西南北各据一方，构成天安门广场的长远格局。1958年9月，各省市的建筑专家会聚北京，10月完成了第七稿的设计，并经周恩来亲自审阅，于10月20日前后破土动工。

施工阶段时，问题成堆，千头万绪，错综复杂，而时间紧迫，不容反复，为此必须打破常规，"边设计、边供料、边施工"，设

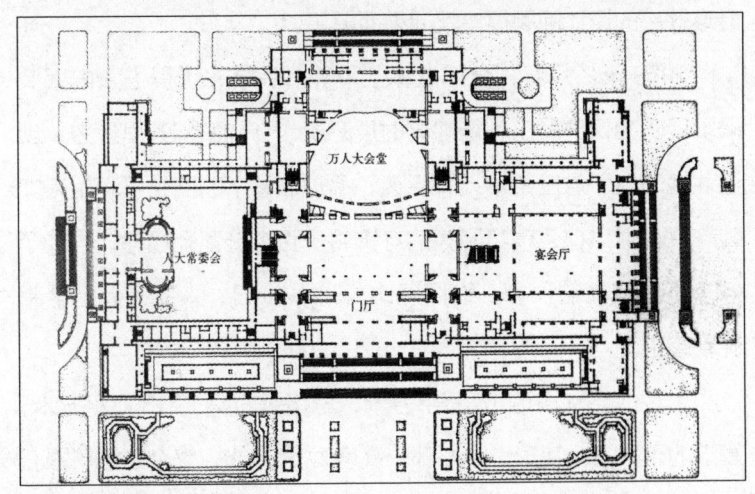

人民大会堂首层平面图

计单位自 1958 年 10 月 30 日起，随着向工地交付第一批基础施工图，就开始陆续下驻现场，与工地密切配合，进行现场设计、制图，并与材料供应和施工做法相结合。

当时遇到的最大困难是万人礼堂的空间处理问题，因为这个能同时容纳一万人的礼堂，空间实在庞大，仅观众座位部分就长 76 米，宽 60 米，高达 32.5 米，可以装进整个天安门城楼，如此高大的空间，对空间处理的好坏直接关系到设计的成败。这个问题向周总理汇报后，他经过思索，吟了两句唐代诗人王勃的《滕王阁序》中的名句——"落霞与孤鹜齐飞，秋水共长天一色"，启示专家们：人在海阔天空的大自然怀抱中，非但不觉得自己渺小，反而觉得心旷神怡，悠然自得，如果将大礼堂的顶棚圆曲而下与墙体连成一体，如同水连天，天连水，水天一色，那么人在其中就不会有渺小和单调的感觉了。总理的话使专家们茅塞顿开，最难解决的设计问题很快就迎刃而解了。

1959 年 7 月底，全部主体工程胜利完成，工程进入内部装修阶段。为保证各工种能够同时展开操作，专家们集思广益，创造性地安装了悬空的吊挂脚手架，吊顶后留下的圆孔可利用来安装灯具和通风口，精巧明亮的灯饰将千百个施工孔填补，构成了一个满天星光的顶棚，绚丽无比。9 月 10 日，人民大会堂全部胜利竣工。

人民大会堂占地 15 万平方米，总建筑面积 17.18 万平方米，建筑的平面为山字形，中心部分高度为 46.5 米。整个建筑周围有 134 根廊柱，向东的 12 根浅灰色大理石门柱高 25 米，直径 2 米，

人民大会堂
纪念邮票

4个人手牵手才能环抱过来。屋檐是黄绿相间的琉璃瓦，正门顶上镶嵌着金光闪闪的国徽，直径达4米，现在的国徽是在2001年8月换上去的，替换下已悬挂了42年之久的木制国徽。这枚新国徽为钢结构，外面为全铜板，最大处直径6.3米，重1吨多，表面部分贴有金箔，比原来的国徽更坚固。

大会堂主要由3部分组成：中部是万人大礼堂，北部是5000人的宴会厅，南部是全国人大常委会办公楼，中央大厅将3部分连接成一个整体。在当时，人民大会堂内设置的万人礼堂和5000人宴会厅的规模，世界上都没有先例。

万人大礼堂是人民大会堂的主体建筑，内设3层座椅，层层递升。礼堂南北长76米，东西宽60米，高32米，一层有座位3693个，二层有3515个，三层有2518个，主席台可以设座位300个至500个，总计可同时容纳1万人在此开会。礼堂呈扇形，坐在任何一个地方都可以看到主席台。屋顶钢梁重达600多吨，如此大空间、大承重竟未用一根柱子，着实令人称奇。万人大会堂穹庐形的顶棚中心有红宝石般的五星灯，周围辐射出40个莲花瓣，纵横密布着500个满天星灯，灯光齐明时好像满天星斗，与淡青色的壁板交相辉映，"水天一色"的灯火奇观立时显现出来，煞是壮观奇妙。会场内除了有声、光、电、空气调节等装置外，还有各种现代化设备，如同声翻译12种语言的装置、暗装的电视转播设备和灯光等。

宴会厅是接待世界各国贵宾和友人的国宴活动场所，东西长102米，南北宽76米，高15米，面积相当于一个国际标准的足球场，顶部和回廊有彩画藻井，将大厅装扮得格外富丽堂皇。这里可同时举行5000人的宴会或1万人的酒会。中西餐厨房分别设于北面的东西两侧。

建成后的人民大会堂气势宏伟、庄严壮丽，它与其对面新建的革命历史博物馆及其左侧的天安门和右侧的正阳门各据一方，构成一个雄伟、肃穆、开阔、明朗的天安门广场。

人民大会堂建成时，周恩来亲自指示由每个省级行政单位布置一个厅，并以自己的省、直辖市、自治区名命名。由于当时中国经济水平的限制，各省厅只能在摆放的陈设品和桌椅样式上下功夫。"文化大革命"开始后，有的省厅的物品被当作"四旧"清了出去，1979年以后中央通知各省"恢复、调整、布置"。各省级行政单位进行了重新装饰：如西藏绘制了巨幅壁画布满整个墙壁，具有浓厚的民族色彩；福建厅里安放了巨大的大理石壁雕，正门两侧还摆放了当地著名的软木雕；四川厅里摆放了竹器工艺品；新疆组织人织成了一条巨大的地毯；澳门厅则采用西式拱门，室内还设计了喷泉；香港厅摆放了一幅"维多利亚港湾夜景"绒绣……各省厅的装饰充分体现了地方的文化特色。

人民大会堂从建成到今天，从外部环境到内部装饰又经过多次翻新和改建，充分吸纳了更先进的技术设备和更丰富的智慧与创造力，在保持其独到风格的基础上不断增添了更具时代特色的艺术魅力，充分展现了共和国经济建设和文化建设的非凡成就。

1959年竣工的人民大会堂自建成以来便成为党和国家召开重要会议的场所，历届全国人民代表大会及其常委会，以及国家和北京市的重大接待会、表彰会、报告会等重大国事、外事活动等均在此举行，一些高端的演出活动也常在这里举办。每周都设有一两天的开放日，让普通的老百姓可以走进这个神秘的殿堂，一饱眼福。不过，"文化大革命"开始后，人民大会堂却被封闭起来，只用于举行大型会议和中央领导人办公、接见活动，不再对外开放。1978年中共十一届三中全会上，人民大会堂封闭的做法遭到质疑。1979年1月27日晚，中断了15年的首都群众春节联欢会在人民大会堂举行，人民大会堂向各界群众重新开放，每天至少接待三四千名游客进入参观。随着国家改革开放的深入，人民大会堂内举行的民间活动也越来越多。

中国国家博物馆

中国国家博物馆位于天安门广场东侧，与人民大会堂遥相呼应。2003年2月，在原中国历史博物馆和中国革命博物馆两馆合并的基础上组建成立，合并后的中国国家博物馆是世界上单体建筑面积最大的博物馆，总建筑面积近 20 万平方米，总用地面积 7 万平方米。建筑高度 42.5 米，地上 5 层，地下 2 层。硬件设施和功能堪称世界一流。藏品数量为 106 万件，展厅数量为 48 个，设有"古代中国"和"复兴之路"两个基本陈列，设有 10 余个各艺术门类的专题展览及国际交流展览，是以历史与艺术并重，集收藏、展览、研究、考古、公共教育、文化交流于一体的综合性国家博物馆。

中国历史博物馆的前身为 1912 年 7 月 9 日成立的国立历史博物馆筹备处。1949 年 10 月 1 日，更名为国立北京历史博物馆，1959 年更名为中国历史博物馆。中国革命博物馆的前身为 1950 年 3 月成立的国立革命博物馆筹备处，1960 年正式命名为中国革命博物馆。1959 年 8 月，两馆大楼竣工，为国庆 10 周年十大建筑之一，并于同年 10 月 1 日对外开放。

中国国家博物馆基本陈列以中国通史为主，通过举办有关历史、考古、文物等方面的多种专题陈列，以及临时展览、常设国

中国国家博物馆

际馆藏珍品交流展览和捐赠品展览等不同形式的展览，向公众系统展示了中国悠久的历史文化、优秀的民族传统和当代主流文化精神，并全面地展示中华民族的伟大历史进程与辉煌文化，介绍世界文明与优秀文化。通过高水平的历史学、考古学、文物学、博物馆学研究，不断丰富和深化公众对历史文化的理解和认识，推动博物馆事业的发展。国家博物馆还是首都中心区供公众进行高品位的文化享受的重要场所。中国国家博物馆是中国收藏本国古代、近代文物资料及研究历史科学和有关学术问题的机构，馆藏文物62万件，并有专业的文物保护、修复队伍和国际一流的仪器设备。国家博物馆的考古研究力量拥有水下考古、田野考古和航空遥感摄影考古的专门机构。水下考古研究中心是中国唯一的水下考古专业机构，有专业的水下考古队伍和具有世界先进水平的技术设备。

中国国家博物馆于2007年进行改扩建工程，博物馆的西、南、北3面整体保留，进行了加固改造和维修。扩建的新馆部分镶嵌在老馆中间并向东延伸，建筑风格与老馆保持一致。工程于2010年完工。目前，博物馆内800平方米至2000平方米的展厅达到49个，藏品数量超过105万件。

改扩建工程完成后的中国国家博物馆主要由文物保管区、展陈区、社教区、学术研究区、公共活动区、休闲服务区、行政业务办公区等部分组成，各项设施进一步完善、配套和现代化。无论从文物藏品、展览规模、硬件设施还是从人员组合上都达到了相当的规模和水平，成为具有国际先进水平的博物馆。

文物古迹

故宫

故宫，位于长安街中心位置北侧，是明、清两代24个皇帝的皇宫，当时称为紫禁城。故宫处于北京内城的中心，是世界上现存规模最大、保存最完整的木质结构古建筑群，无论从平面布局、立体效果，还是建筑艺术上，都是无与伦比的中国古代建筑的杰作。

紫禁城始建于明永乐四年（1406年），永乐十八年（1420年）竣工，由明成祖朱棣始建。古代为什么把皇宫称为紫禁城呢？这要从古代宫殿建筑与古代天文学的特殊关系上来解释：我国古代的天文学家认为，紫微星（即我们今天所称的北极星）是天上最尊贵之星，位居天的正中，位置永恒不变，众星环绕，是天帝居住的地方，称为"紫宫"。我国封建帝王自称是天帝之子，他们把自己居住的地方也比喻为天上的紫宫，他们想身居其中，施以德政，四方归顺，八面来朝，以达到江山永固、长久统治的目的。因皇帝居住的地方，周围都有高高的城墙，里面更是层层宫殿，步步警卫，戒备森严，普通百姓不准进入和靠近，人们通常把这里视为禁地，所以，封建社会的人们就把皇帝居住的地方称为紫

天安门广场及周边建筑设施 / 87

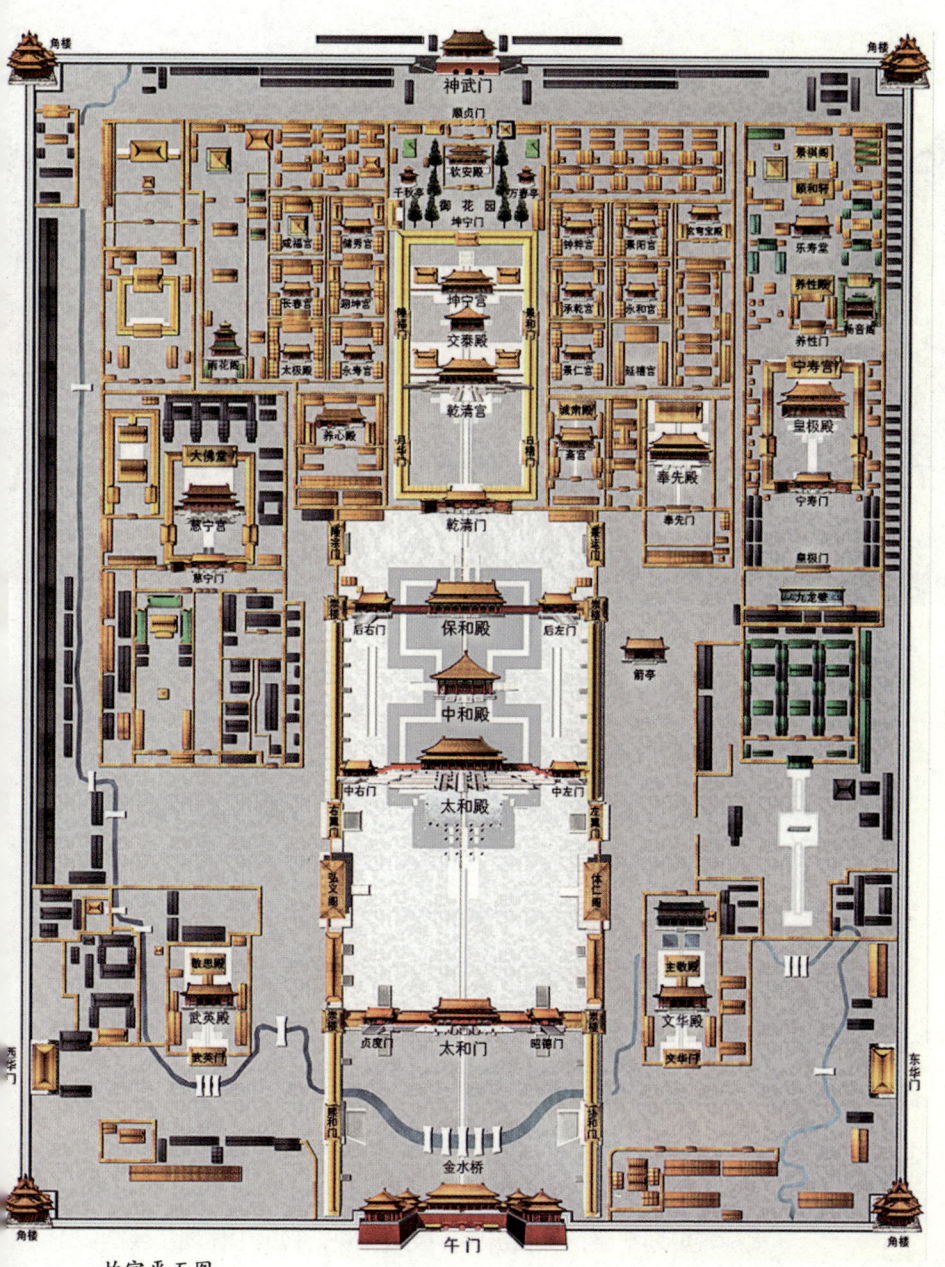

故宫平面图

午门

禁城。

  为了表现君权受命于天和以皇权为核心的等级观念，紫禁城宫殿建筑采取了严格的中轴对称的布局方式。中轴线上的建筑高大华丽，轴线两侧的建筑低小、简单。这种明显的反差，体现了皇权的至高无上，更显示了帝王宫殿的尊严华贵。

  相传，紫禁城一共有9999间房，实际上据1973年专家现场测量，紫禁城总计有大小院落90多座，房屋8707间。据20世纪50年代实测，紫禁城南北长966米，东西宽752米，面积为726432平方米。城周围环绕着高12米、长3400米的宫墙，形成一座长方形城池，墙外有52米宽的护城河环绕。

  紫禁城规划严整，气魄宏伟，极为壮观，它集中体现了我国古代劳动人民的高超智慧和创造才能，是中华民族珍贵的文化遗产。全部宫殿都沿着中轴线整齐排列，南北取直，左右对称。这条中轴线不仅贯穿于紫禁城内，且南至永定门，北到鼓楼、钟楼，贯穿了整个北京内城。故宫的平面布局严格遵循《周礼》中"匠人营国，方九里，旁三门，国中九经九纬，左祖右社，面朝后市"的规制，充分显示了当时的匠师们在规划和建筑上的卓越成就。

紫禁城建筑群可分为外朝和内廷两部分，全部为木结构、黄琉璃瓦顶、青白石底座，饰以彩画。

外朝自大明门（清代为大清门）起，包括千步廊、天安门、端门内东西庑房（即六科值舍）、部院府寺监的朝房，至紫禁城内前三殿后景运门、隆宗门之间东西向的横街以南，是皇帝举行大典、召见群臣、行使权力的场所，以太和、中和、保和三大殿为中心。内廷则自乾清门开始，以乾清宫、交泰殿、坤宁宫为中心，还包括东、西六宫和宁寿宫、慈宁宫等，是皇帝日常处理政务和帝后、嫔妃、皇子、公主居住、游玩、奉神之处。

紫禁城四角上各有一座玲珑奇巧的角楼。故宫的4座门分别为午门、东华门、西华门、神武门。神武门面临景

角楼

山，景山曾是北京旧城的制高点，也是故宫的屏障。

太和殿俗称"金銮殿"，象征着至高无上的皇权，皇帝即位、诞辰以及节日庆典和出兵征伐等重大国典在此举行，是紫禁城中最富丽堂皇的建筑。太和殿从地面至殿脊通高 35.05 米，东西长 63 米，南北宽 35 米，长宽之比为 9∶5，寓意"九五之尊"。太和殿共有 72 根直径为 1 米的大柱，其中围绕御座的 6 根是沥粉金漆的蟠龙柱。御座设在殿内高 2 米的台上。太和殿不仅是紫禁城里面积最大、顶端最高、规格最高的殿堂，而且在国内单层木结构建筑中也是独一无二的。

与太和殿合称为"三大殿"的中和殿和保和殿也都建在汉白

太和殿

玉砌成的8米高的台基上。中和殿是皇帝前往太和殿途中的小憩之处，皇帝先在此接受内阁、礼部及侍卫执事人员的朝拜。保和殿是皇帝宴请外藩王公贵族和京中文武大臣之处，清后期也是殿试的场所。"三大殿"的名字中都有一个"和"字，显示了封建社会统治阶级希望社会稳定、皇权永固的思想。

保和殿殿后丹陛中间有一块雕刻着云、龙和海水、山崖的玉石路，人们称之为"云龙石雕"。这是紫禁城中最大的一块石雕，长16.57米，宽3.07米，厚1.7米，重约250吨，是由一块完整的巨石刻成的。原为明代雕刻，清乾隆时期又重新雕过。云龙石雕在明朝时从距北京100多里（1里=0.5千米）地的房山县大石窝村运来，当时拖运这样重的巨石到北京极为艰难。为运此石用民工多达万人，在隆冬时节，工匠们每隔一里凿一口井，泼水成冰，用拉旱船的方法将巨石拖运至北京，用时将近一个月。当时人们把这种运输方式称作"万人愁"，但这种运输方式却凝聚着劳动人民的智慧和才能。

紫禁城最北端为御花园，现存园内建筑和古树大多为明朝旧物。御花园面积1.2万平方米，园内布置得既有山水花木的园林情趣，又有庄重华贵的宫廷气氛。园内的主体建筑是钦安殿，四周多为对称且富于变化的建筑，其中最为华丽的是造型相同的万春亭和千秋亭，均为黄琉璃瓦攒尖圆顶，四面出厦、四面开门，各有12个檐角，亭内有藻井，极富观赏价值。

出紫禁城北门神武门，与之相对的是景山，俗称"煤山"，不过并没有煤，是永乐年间营建北京城时开凿护城河加上其他地方的土方堆筑而成的土山。相传明末代皇帝崇祯自缢于煤山。景山有五峰，中峰最高，约43米。中峰上建有万春亭，曾是旧京内城的中心和制高点。

1925年，紫禁城改为故宫博物院。故宫是文物最珍贵、最丰富的博物馆。

据之前清室善后委员会编制的《点查报告》记载，清宫在紫禁城内廷部分所遗留的文物共117万余件，外朝部分则未列入点查。

目前，故宫博物院的藏品总计有180余万件（套），占全国文物总数的1/6。其中一级品8000余件（套）。在全国保存一级文物的1330个收藏单位中，故宫博物院位居榜首，并收有许多绝世仅有的国宝。故宫的一些宫殿中设立了综合性的历史艺术馆、绘画馆，分类的陶瓷馆、青铜器馆、明清工艺美术馆、铭刻馆、玩具馆、文房四宝馆、玩物馆、珍宝馆、钟表馆和清代宫廷典章文物展览馆等，是中国收藏文物最丰富的博物馆。

故宫的文物就类别来看，有书画作品15万件左右，约占世界公立博物馆所藏中国古代书画的1/4，其中约1/3具有较高的学术价值和欣赏价值。有近420件元以前的绘画作品，310件元以前的书法作品。陶瓷类文物有35万件，一级品1100多件，二级品约5.6万件，还有20世纪以来在全国110多个窑口所采集的3万余片陶瓷标本。青铜器方面，故宫藏有历代铜器1.5万余件，其中先秦青铜器约1万件，有铭文的1600余件，这3个数量均占中外传世与出土数量总和的1/10以上，是国内外收藏中国青铜器数量最多的博物馆。另有历代货币1万余枚、铜镜4000面、印押 1 万余件。玉器类有 28461 件，另有"大禹治水"玉山，重逾万斤（1 斤 =0.5 千克），还有重量数千斤的几件玉山，是绝无仅有的稀世珍宝。漆器、珐琅、玻璃、金银器、竹木牙角雕刻，以及笔墨纸砚等"杂项"有 101355 件，此外还藏有盆景 1442 件，匏器 590 件。故宫还收藏有各类满汉文献、古籍善本、图册等 19.5 万册。

故宫的文物藏品中 85% 为清宫遗存，另有些则是新中国成立后在中央政府的直接领导和各省市积极支持下征集、购买的散佚清宫文物及社会各界人士的捐赠。新中国成立初期，国家就以 50 多万港币从香港买回著名的"三希"中的两"希"——《伯远帖》和《中秋帖》。迄今为止，先后有 600 多人向故宫捐献文物。毛主席 3 次将友人送给自己的文物转送故宫保存。张伯驹、朱翼庵、孙瀛洲等人也曾向故宫无私捐赠过文物。

从故宫的第一个皇帝——明成祖朱棣，到中国最后一个皇帝——清末宣统帝溥仪，明、清两代共有 24 位皇帝在这里登基、发号施令。故宫见证了中国封建王朝从鼎盛到没落的历程。

今天的故宫已成为世界各地人们来北京旅游的胜地。2012 年 10 月 2 日，参观故宫的人数达到 18.2 万人，创故宫单日游客量最高纪录。

劳动人民文化宫

劳动人民文化宫位于天安门东侧,曾是明、清两代皇室家庙,旧称太庙。是封建王朝皇室供奉祖宗牌位、年节大典祭祀先人的地方,是保存最完整的明代建筑群之一。

太庙呈南北方向的长方形,总建筑面积为 14 万平方米。为了突出祭祖的主旨,整个建筑布局颇具匠心,3 道红墙及层层松柏衬托起金碧辉煌、错落有序的建筑,营造出一种神秘肃穆的气氛。整个建筑群的中心是 3 座重檐庑殿顶的宫殿。

前殿为祭殿,是明清两代皇帝举行祭祖大典的场所。始建于明永乐十八年(1420 年),是整个太庙的主体。后虽经明清两代多次修缮,但基本保持明代规制。黄琉璃瓦重檐庑殿顶,檐下悬挂满汉文"太庙"九龙贴金匾额。面阔十一间(长 68.2 米),进深六间(宽 30.2 米),坐落在 3 层(高 3.46 米)汉白玉须弥座上,

太庙

殿高32.46米。殿内梁栋饰金，地墁金砖，68根大柱及主要梁桥为金丝楠木，是中国现存规模最大的金丝楠木宫殿。清代皇帝祭祖、婚丧、登极、亲政、册立、征战等国家大事都会到此祭祀。殿内陈设金漆雕龙雕凤帝后神座及香案供品等，举行大典时，仪仗肃穆，钟鼓齐鸣，韶乐悠扬，是中华祭祖文化的集中体现。太庙是中国现存最完整的、规模最宏大的皇家祭祖建筑群，是古代最重要的宗庙建筑，堪称"天下第一庙"。

戟门面阔五间，进深二间，黄琉璃瓦单檐庑殿顶，屋顶起翘平缓，檐下斗拱用材硕大。汉白玉绕栏须弥座，台阶九级，中饰丹陛。正门两侧各有一黄琉璃瓦单檐歇山顶的旁门，门内外原有朱漆戟架8座，共插银镈红杆金龙戟120条，清光绪二十六年（1900年）被入侵北京的八国联军全部掠走。

中间是寝殿，为黄琉璃瓦单檐庑殿顶，面阔九间（长62.31米），进深四间（宽20.54米），殿高21.95米。石露台与享殿相连，汉白玉须弥座，周绕石栏，望柱交错雕以龙凤，台阶中饰丹陛，清代在此供奉历代皇后的牌位。

最后边是祧庙，始建于明弘治四年（1491年），黄琉璃瓦单檐庑殿顶，面阔九间（长61.99米），进深四间（宽20.33米）。汉白玉须弥座，周绕石栏，望柱交错雕以龙凤，台阶中饰丹陛，是供奉皇帝远祖牌位的地方。

新中国成立后，经周恩来提议、第一次政务院会议批准，将太庙移交北京市总工会管理，辟为职工群众的文化活动场所，于1950年4月30日揭幕，5月1日正式对外开放。"北京市劳动

劳动人民文化宫

人民文化宫"匾额由毛泽东主席命名并亲笔题写。1988年1月,太庙被列入全国重点文物保护单位。

  北京市劳动人民文化宫自成立以来,便成为首都乃至全国职工文化活动的中心,开展了丰富多彩的文化活动,培养了大批各方面人才。同时,作为党和国家重大活动的场所,经历了许多重大的历史事件。

  为了迎接新千年的到来,以2400年前的曾侯乙编钟为原型设计制造了一座青铜编钟,于1999年11月安放在太庙享殿,称为中华和钟。和钟高3.8米,宽21米,重17吨,3层编钟共108个。上层34个纽钟代表中国31个省、直辖市、自治区和香港、澳门、台湾;中层56个甬钟代表中国56个民族;下层18个镈钟,中间16个代表中华民族的16个历史时期，两侧两个象征当今世界的主旋律"和平"与"发展"。在中央镈钟上镌刻着江泽民题写的"中华和钟，万年永保"的镏金铭文。中华和钟音域宽广，既可与多种民族乐器配合，又可与大型管弦乐队合奏，是世界上最大的舞台演奏双音编钟，已经被列入吉尼斯世界之最，被誉为"编钟之王"，堪称国之重宝。

中山公园

中山公园位于天安门西侧，与故宫一墙之隔。它是明清两代的社稷坛，与太庙（今劳动人民文化宫）一起沿袭周代以来"左祖右社"的建置建造。

中山公园现占地23万平方米，原为辽、金时的兴国寺，元代改名万寿兴国寺。永乐十八年（1420年）明成祖朱棣兴建北京宫殿时，按照"左祖右社"的建置改建为社稷坛，明、清两代成为皇帝祭祀土地神和五谷神的地方。1914年辟为中央公园。为纪念孙中山先生，1928年改名为中山公园。现在的中山公园，既是一座古老的园林，又是首都人民举行重大政治、文化活动的场所。

公园的主体建筑是社稷坛，位于公园轴线的中心。坛呈正方形，为汉白玉砌成的3层平台。坛上铺着由全国各地进贡来的五色土：中间为黄色土、东面为青色土、南面为红色土、西面为白色土、北面为黑色土，以表示"普天之下，莫非王土"的意思，并象征土、木、火、金、水五行（古人认为，五行乃是万物之本）。坛台中央原来有一个方形石柱，称为"社主石"，又称"江山石"，有象征"江山永固"之意。石柱半埋土中，后来全埋入土中，1950年被移走。坛四周建有四色琉璃墙，东蓝、南红、西白、北黑，四面各立汉白玉棂星门一座，显得格外庄严肃穆。皇帝把"社稷"看作国家的象征，并自认为受命于天，为了祈祷丰收，每年二月、八月两次来此祭祀，凡遇出征、打仗、班师、献俘、旱涝灾害等也要到此祈祷。

社稷坛北侧的拜殿又名享殿或祭殿，是一座宏大的木结构建筑，面阔五间，进深三间，黄琉璃瓦单檐庑殿顶，白石台基，无

中山堂

天花板。明露着梁架和斗拱，绘和玺彩画，是保存最完整的明代建筑之一。民国十四年（1925年）此殿曾经停放孙中山先生的灵柩，现称中山堂。

社稷坛外西南面有神厨、神库、宰牲亭等附属建筑。东侧在苍松翠柏的掩映下坐落着长青园，园内有松柏交翠亭、投壶亭、来今雨轩等。西边的唐花坞是培育各种名贵花木的温室花房，花房为红柱绿额，蓝色亭檐，十分美观。1977年荷兰赠送的39种郁金香都陈列在此处，直到今天，这里每年都会举行郁金香花展和各种专题花展。

唐花坞以西是著名的"兰亭碑亭"与"兰亭八柱"，原为圆明园四十景之一，是1917年迁至此处的。亭为重檐蓝瓦八角攒尖顶，立在中间的石碑上刻有"兰亭修禊曲水流觞图"和乾隆帝所写的有关"兰亭"的诗作，8根石柱上分别刻着历代书法家临摹王羲之的兰亭帖，是十分珍贵的石刻文物。

10世纪时，北京曾是辽代的陪都南京，中山公园为当时兴国寺所在位置，现公园内几株形态各异的古柏挺拔参天，就是辽代时所种植。其中一根古柏周长最大处有一丈九尺（约6.33米）多。还有一对雄伟的石狮是北宋遗物，是1918年从河北大名的一座古庙废墟中发掘并迁来的。这对石狮子为蹲坐式，直背挺胸，姿态雄伟。20世纪60年代，为了保护石狮,公园员工将其埋藏起来，直到 1971 年这对石狮才重新与游客见面。

金水桥

金水桥分为内、外金水桥，始建于明永乐年间（1403—1424 年），在长安街上能够直接看到的是外金水桥，共 7 座，建于清康熙二十九年（1690 年）。7 座桥上的玉石栏杆不尽相同，中间 5 座造型别致、雕刻精美的石桥分别与天安门城楼的 5 个门洞相对应。正中间的桥是蟠龙雕花柱，桥面最宽，被称为"御路桥"，只限天子行走。"御路桥"两旁的叫"王公桥"，只许宗室亲王行走。"王公桥"左右的叫"品级桥"，准许三品以上的文武大臣行走。位于太庙（现称劳动人民文化宫）和中山公园门前的桥称为"公生桥"，准许四品以下的官员行走。从桥的使用对象、建制和装饰，

金水桥

可以看出封建社会的等级制度是多么森严。不过我们现在看到的"公生桥"已经不是往昔的样子了,为了保障众多游客的通行安全,新中国成立后扩建了"公生桥",将桥身加宽到11.8米。

关于金水桥的设计者,至今没有定论,但众多历史学者都认为其原型是借鉴了元代宫城的周桥。据文献记载,周桥的设计师和主持建造者是一位普通石匠——元代河北曲阳的杨琼。曲阳盛产玉石,石雕技艺自唐宋以来就一直闻名于世。杨琼出身于石工世家,他的石雕"每出自新意,天巧层出,人莫能及焉"。元至元十三年(1276年),修建元皇城崇天门前的周桥,很多人画了图送上去,都未被选中。而杨琼的设计方案,却使元世祖忽必烈十分满意,下令督建。《故宫遗录》中记有"皆琢龙凤祥云,明莹如玉,桥下有四百石龙,擎戴水中;甚壮"。可见,周桥为皇城增色不少,因而明皇城的建造者,把它照样搬来,用以营造金水桥。

据《明英宗实录》卷五十四记载:明初,(天安门)城门桥为木桥,正统年间(1436—1449年)才开始改建石桥(诏曰:"九门旧有木桥,今悉撤之,易以石。"),但直至明代宗景泰三年(1452年)才告完工。关于金水河石桥的建成还有一个有趣的故事。据焦竑所著《玉堂丛语》中记载:"金水河桥成,诏宣有德行者试步。"明代宗朱祁钰这一建议,得到众多大臣的拥护,大家公推礼部尚书杨翥第一个试步过桥。这个故事不仅肯定了杨翥宽以待人、严于律己的高尚德行,而且也可以看出金水桥在明朝君臣中的地位。

华表和石狮

在金水桥的南面,矗立着一对汉白玉的华表。华表周身雕刻精致,浑圆挺拔,上端两层略为粗大部分为"承露盘",盘上有只蹲兽,叫"犼"。盘下横向对插着两块云纹长石板,更显得华表整体端庄稳重。华表粗壮的石柱体上,雕满层层回环不断的朵云,云中又盘绕着一条巨龙。龙为四足,每足五爪,雕工精美传神,能使人真正体味到"矫若游龙"之含义。华表下面是八角形的须弥座,底部为方形石栏,四角有石柱,每根石柱上各有一蹲立的小石狮。映衬在蓝天白云下的华表,显得分外醒目,与雄伟壮丽的天安门城楼一起,构成了一幅绝美的图画。

华表为中国文化特有之

华表

物，有着悠远的历史传承。相传早在原始社会的尧舜时代就已经出现了华表，不过那时是用木头做的，叫作"华表木"或"恒表"。表，即标的意思，就是标示道路的木桩，犹如现在的指路标一样，这也是华表木出现之初的最主要作用。史籍中有这方面的记载，传说大禹带众人砍伐树林，留下树干，作为测量山川地势的标记。

演变到后来，华表木还有一个重要的作用，就是让人们在上面刻写自己的意见，因此又被称作"诽谤木"。这里的"诽谤"一词可不是今天造谣诬蔑的意思，而是指议论是非、指责过失，也就是现在的提意见。由于华表木都设立在交通路口，行人过往较多，容易在此议论问题和交换意见，君主若是在这里设置"华表木"，就能广泛而迅速地听到民众的呼声，以利于补察时政。但是随着原始社会的瓦解和阶级社会的出现，普通百姓就再也不能在诽谤木上刻写什么"谏言"了。曾经用来自由议政的柱身被雕刻上象征皇权的云龙纹饰，安置于皇宫或帝王陵寝之前，作为皇家建筑的一种标志。

天安门前后各立有一对华表，关于华表也流传着一个耐人寻味的古老传说。

人们把天安门前华表顶上面向南方的蹲兽，叫"望天犼"。因为它经常注视着帝王出外时的行为，职责就是劝诫帝王，叫帝王不要荒淫游幸。当帝王外出游幸久久不归时，犼就说话了："国君呀！你不要在外面游逛了，赶紧回来处理朝政吧！"为此，人们又给它起了一个好听的名字"望君归"。而天安门内面向北方的蹲兽，由于是朝着宫殿的方向，据民间传说讲，这两只犼经常注视着深居宫禁的帝王的行动，并劝诫帝王说："君王啊，你不要老是待在宫殿里，只顾和后妃取乐，你也该经常出来到民间走一走，了解一下民情。"所以，人们便把这两只犼叫"望君出"。这个流传在民间的故事，既表现了人民对自己双手建造起来的美丽华表的深厚感情，同时也表达了人民企盼明君的朴素愿望，以及对昏君治国的不满。

今天天安门前那对华表所矗立的位置，并非明清时代的位置。当时，它们的位置比现在更偏南一些。1950年，天安门广场需要扩展，长安街需要拓宽，因此需要将华表后移6米。可这对华表重达2万多千克，且在搬动时又不能使它精美的雕刻受到损伤，根本没有现成的起重设备能完成这个任务。于是，如何移动这对华表便成了一个大难题。后来，建筑部门在宫中的档案材料里发现了搭材匠徐荣。徐荣15岁入内务府宫造司房库，编入"包衣"（奴籍），他祖上5辈都为宫廷建筑搭架子，这些架子使皇宫安上了高大的梁枋。工作人员根据档案材料提供的线索找到徐荣。徐荣听完来访者的意图后，非常爽快地答应了，他早就想为新中国的建设出点力。徐荣来到华表前，他靠搭材匠、石匠、木匠等人灵巧的手，用简单的杉篙杆子、麻绳和吊链就使偌大的一对华表换了地方，而且式样和原先不差分毫，安装得十分合榫。

在天安门前有两对汉白玉狮子，一对在金水桥北，一对在金水桥南。左边的雄狮，用右爪在玩弄着绣球，右边的雌狮，用左爪在戏弄小狮子。左右雄雌成对，互相对应。民间传说，龙生九子，各有所好，各有所用。其中第八子叫狻猊，长相如狮子一般，吼声可使山摇地动,日行500里,以虎豹为食。正因为狮子如此凶猛、如此威武,所以被人们视为百兽之王,成为威震四方、唯我独尊的王权的化身。据《中国狮子艺术》一书记载:"这两对石狮雕刻于明代永乐十五年(1417年),高2.5米,加上底座总高近3米,头顶13个疙瘩,按当时规制,是最高等级的石狮。"

天安门前的石狮

这两对石狮雕刻比例协调,瞪着大眼睛,微微侧歪头,半咧着嘴,鬣毛工整地缠卷成涡旋状,前腿上各有一个不大的"圆钱"纹,身披璎珞盘结锦带,胸绶带上有环铃和璎珞穗坠,显示出高超的雕刻工艺。石狮的用材是一种灰白中夹带着均匀浅灰绿色斑的石头,抗自然风化能力强。石狮用整块料石雕凿而成,造型、尺寸和刻工都一样,体现了明朝的雕刻工艺,是北方石狮的代表。

据说明朝末年,李自成率兵杀进北京城,跨马冲到承天门前,抬弓搭箭,射中承天门匾额上的"天"字,众军卒齐声喝彩,李自成挺枪跃马站到金水桥上,忽然一只石狮张牙舞爪,凶猛地挡住去路,明朝败将李国桢藏于石狮身后窥视,李自成大怒,挺枪直刺,戳到石狮的腹部,火花四溅。石狮见势不妙,哀号着退回原位，却在肚皮上留下一个深深的疤痕。现在，细心的游客如果去仔细观察金水桥南面西侧的石狮子，的确能看到狮子腹部有一个小洞，但这是否就是"枪戳"的痕迹呢？

这4尊石狮经历了近600年自然风化和社会变迁的洗礼，局部地方进行过小的修补。原金水桥南的华表和石狮在千步廊的尽头，1950年拓宽长安街路面时，将石狮连同华表一起向北移了6米，就是现在所在的位置。为了更好地保护这两对明代石狮，1999年，有关部门在石狮周围增设了护栏。

正阳门

正阳门是明清时期北京城的正门，坐落在北京城南北中轴线上。始建于元世祖至元四年（1267年），其位置在今天长安街稍南。明永乐十七年（1419年）明成祖朱棣营建北京城，将大都城南的城垣向南拓展了近一千米，丽正门迁到了今天正阳门的位置，起初

清代正阳门城楼立面图

只有城楼，仍沿用丽正门之名。明正统元年（1436年）至正统四年（1439年），增修了月城、箭楼、左右闸楼，因古人以南为阳，以南为正，因此改名为正阳门，取"日者众阳之宗""人君之象"之义。又因其位于紫禁城的正前方，故俗称前门。

明、清两代，北京城分为外城、内城、皇城和宫城4层，每一层都有厚厚的城墙保护。内城有9个城门，每个城门的使用都有严格的规定。正阳门为正门，也是九门中位置最为显要、规格最高的门，专为皇帝出巡或郊祀时使用，皇帝大婚时可以启用此门，若是皇帝驾崩就不能从此门出入，因为正阳门只进喜，不出丧，又被称为"喜门""吉门"。其他8个城门：崇文门走酒车，宣武门走囚车，阜成门走煤车，西直门走水车，东直门走木材车，德胜门走兵车，安定门走粪车，朝阳门走粮车。各门分工明确、秩序井然。

正阳门集城楼、箭楼与瓮城为一体，是一座体系完整的古代防御性建筑。据地方志上记载：当时的城楼、箭楼规模宏丽，形制高大；瓮城气势雄浑，为老北京城垣建筑的代表之作。

正阳门城楼坐落在砖砌城台上，城台上窄下宽。城楼为阁楼式建筑，灰筒瓦绿琉璃剪边，重檐歇山三滴水结构，门洞为拱券式，开在城台正中。有檐柱、老檐柱、金柱3层柱子，四面都有门，面阔七间、进深三间，上下有回廊，上层为菱花格隔扇门窗，下层为朱红色砖墙，城楼两端设有斜坡马道。整座城楼通高43.65米，是北京所有城门楼中最高的。

箭楼为砖砌堡垒式建筑，城台高约12米，门洞为拱券式。

箭楼为灰筒瓦绿琉璃剪边，重檐歇山式结构，上下4层，南面开箭窗52个，东西两侧各开箭窗21个，三面共有箭窗94个，此外还架设有火炮，箭楼可以防御外敌攻城、保卫皇城安全。然而有一次却让明代最后一位皇帝——崇祯帝朱由检险些丧命于此。一日，朱由检身着便装带了400名亲兵骑马朝正阳门方面前行，守城的官兵因为事先没有收到皇帝要来的消息，不知京城里发生了什么事，误以为是要来夺取城门的叛军，于是向这队人马开了炮。这可吓坏了崇祯皇帝，急忙策马躲闪，这才免遭大炮的袭击。

此外，正阳门城楼还有一个特殊的作用——示警，每当有敌人要攻入京城，城楼上就会悬灯示警。悬一盏灯表示敌人已接近城下，悬两盏灯表示战斗异常激烈，悬三盏灯则表示城防即将失守。明朝末年，政治腐败，封建统治者横征暴敛，百姓走投无路，处于水深火热之中，于是各地相继爆发了农民起义。李自成率领的部队迅速壮大，一路势如破竹，于崇祯十七年（1644年）三月到达北京。三月十八日，农民军攻破了彰仪门，并迅速控制了外城，开始猛攻内城，正阳门城楼上挂上了三盏灯。皇宫中的崇祯皇帝赶紧召集文武百官，但是竟然没有一人前去，他知道大势已去，便带领太监王承恩出了神武门来到煤山（今景山公园），在东麓的一棵歪脖树上自缢身亡。

正阳门城楼与箭楼规模宏大，规制在九门中最高，城楼与箭楼之间形成了一个巨大的瓮城，南北长108米，东西宽88.65米，内有空场。4个方向各开一扇门，均为拱券式门洞，北面为实榻大门，在宏伟的城楼之下，东、南、西为吊落式闸门，南门在高大的箭楼之下，东、西门在瓮城两侧的闸楼之下。

正阳门饱经沧桑，在朝代更迭和岁月风雨的消磨中几毁几修，仅存城楼和箭楼，是目前北京城内唯一保存较完整的城门。1949年2月3日，中国人民解放军和中共北京市委的部分领导人登上箭楼检阅中国人民解放军入城仪式。从此，古城北京解放了！

人民政府非常重视这个象征着北京的古代建筑，于1952年拨专款对正阳门进行了大修。1963年至1966年拆除了正阳门东西两侧的城墙。1976年唐山大地震后，箭楼损毁严重，1977年北京市文物主管部门对城楼、箭楼又进行了全面大修，并将其划入天安门广场的总体规划中。修复后的城楼与箭楼与天安门广场的所有建筑交相辉映，浑然一体，构成了一幅动人的壮丽图景。

1990年1月21日，正阳门箭楼正式对外开放；1991年6月29日，城楼开始对外开放。站在古朴的城楼上，既可以看到大栅栏商业街的繁华与热闹，也可以尽情领略天安门广场的庄严与神圣。在城楼上还可以参观与老北京文化艺术、民俗风情等有关的系列展览，那些图片、照片、模型、民间工艺品会带着游客重温昔日老北京普通民众的生活。

东长安街及其延长线

从天安门到建国门的东长安街上，集中了众多的党政机关办公楼、金融机构、文化设施等，这些不同时期、不同风格的建筑，默默地见证着中国的过去和现在。从建国门到通州的东长安街延长线上，坐落着金融、商贸、服务和酒店、公寓等设施，中央商务区（CBD）日渐成型，具有完善的交通、通信等现代化的基础设施和良好的环境，成为长安街日益走向现代化的标志。

坐落在长安街两侧的几十座建筑凭借鲜明的时代印记及其包含的社会主题，见证了北京城的时代变迁，因此长安街也被称为"建筑博物馆"。从天安门到建国门的东长安街上集中了公安部、商务部、交通运输部、中国海关总署、中华全国妇女联合会、中国纺织工业联合会等行政办公机构；贵宾楼饭店、北京饭店、东方广场、国际饭店、新闻大厦酒店、恒基大厦、中粮广场等商贸设施；北京火车站作为首都最重要的铁路枢纽之一，每天运送成千上万的乘客；还有中国社会科学院、长安大戏院、东单体育中心、东单公园、菖蒲河公园等文化和艺术场所，以及古观象台、王府井古人类文化遗址博物馆、皇史宬、于谦祠等文物古迹。在从建国门到通州的东长安街延长线上，更多、更新的建筑拔地而起，标志着长安街日益走向现代化。

党政机关

公安部

公安部办公楼位于天安门广场东侧，与天安门城楼、人民大会堂相映生辉，体现了古老建筑与现代艺术的完美结合，是天安门地区标志性建筑之一。

1950年4月，北京市军管会收回了位于东长安街4号的一

公安部办公楼

座英国兵营，准备拨给公安部办公使用。这个英国兵营是英法等八国联军占领北京后，向清朝政府强行征用的，北临长安街、南面接近东交民巷、东面毗邻英国驻华使馆、西面是当时的公安街，面向长安街的围墙上还留有作战用的枪洞。公安部接收了这座兵营后，充分利用当时的房屋来办公。此后，先后建造了大礼堂、办公楼等。1958年，北京市政府另辟使馆区后，英国使馆迁出。公安部办公区逐渐向东扩展到御河桥，形成了现在的办公区域。

随着时代的发展，公安部办公楼已经改变了原来的面貌，建成了功能齐备、智能化程度高、科技含量高的现代化办公场所。大楼坐北朝南，东西对称，在外观设计方面为了能够更好地与天安门周围建筑相协调，外立面造型取自"盛世之鼎"的创意，三门四柱式的总体建筑风格；门头警徽浮雕采用整块石材，庄重威严，中国古典建筑的传统元素在这里得到了精致的体现和拓展，充分展现了传统与现代的相互包容、力与美的和谐统一，文化元素与实用功能相得益彰。种植屋面绿化层次丰富，环境宜人，隔热降尘，既减少了能源的消耗又能改善顶层办公室的办公环境；楼顶设有直升机停机坪，可起降直升机，应对各种突发紧急事件。

公安部办公楼美观大方，庄严肃穆，沉稳内敛而不凝滞，简洁明快而不失典雅，先后获得了中国建筑（结构）长城杯金质奖和中国建筑工程鲁班奖等多项荣誉。

商务部

商务部办公楼位于东长安街南侧，与东方广场隔街相对，周边还有北京饭店、东单体育中心等。1949年11月，在原华北人民政府工商部及中央商业处的基础上成立了中央贸易部。随着国内外贸易的飞跃发展，为了加强对外贸易、减轻贸易部的工作，

商务部办公楼

成立了中央人民政府对外贸易部和中央人民政府商业部，中央贸易部于1952年9月撤销。对外贸易部成为中国政府主管对外贸易的行政机构。1982年3月，对外贸易部、对外经济联络部、国家进出口管理委员会、国家外国投资管理委员会合并，成立对外经济贸易部。1993年3月16日，对外经济贸易部更名为对外贸易经济合作部。2003年3月，原国家经济贸易委员会内负责贸易的部门和原对外贸易经济合作部合并组建了商务部，主管国内外贸易和国际经济合作。

新中国成立初期，中央贸易部曾修建了两座中式仿古建筑作为办公用房，后几经改造，于20世纪90年代初兴建了办公大楼，大楼主体由三座板式高层建筑并排组成，总建筑面积54148平方米，分两期建成竣工。一期工程为东楼（17000平方米），二期工程为中楼（24848平方米）和西楼（12300平方米）。随着岁月的流逝，长安街发生了巨大的变化，原来的办公楼从内部功能和外部形象上都已经落后于时代的发展，为了展现出国家级政府重要职能部门的精神气质并与长安街的发展脉搏和谐呼应，商务部办公楼的改扩建工程提上了日程。

2006年，商务部办公楼改扩建工程竣工，突出了商务部作为国家行政机关的社会形象，保留了原有的立面格局，将办公楼原有的立面化零碎为完整，以大气洗练的手笔突出了稳重、庄严的建筑风格，使得矗立在长安街旁的200多米长的新办公大楼显得沉稳大气、厚重质朴。

中华全国妇女联合会

中华全国妇女联合会办公楼

20 世纪 90 年代，位于建国门内大街路北的中华全国妇女联合会办公楼落成。

中华全国妇女联合会办公楼总建筑面积 23930 平方米，由 3 部分组成，东侧是妇联办公楼，中间是中国妇女活动中心（今好苑建国酒店），西侧原是妇女报社（今中纺大厦）。该建筑为蓝绿色琉璃瓦顶，纯白色墙体，色彩清新、明快、活泼；在空间上采用多层次结构布局，办公楼主体两翼前展，呈弧形环抱之势，给人谦逊、胸怀宽广的感觉，展现出了当代中国妇女的气度。

交通运输部

交通运输部办公楼位于建国门内大街北侧，1994年建成（当时为交通部办公楼）。

交通运输部办公楼建筑面积47261平方米，地下3层，地上12层，平面略呈"山"字形。建筑设计带有传统风格，正立面设通高群柱，平屋顶作挑檐和小坡檐，其上有2座咖啡色攒尖顶。办公楼外立面以大面积的烟色墙面和立柱匹配，体现出一种沉稳的气派。正门以赭红色大理石镶成厚重的装饰框面，虽然并不华贵，但却十分端庄，与政府办公机构的职能非常吻合。

交通运输部

中国海关总署

中国海关总署

位于东长安街南侧的中国海关总署大楼是国家海关总署和北京海关合用的办公大楼,1990年竣工。

海关总署办公楼建筑面积27033平方米,大楼坐南朝北,东西长115米,地下2层,地上12层,为两座塔楼,在第十一、十二层将两座楼连接在一起,上面镶嵌着周恩来手书的"中国海关"4个金色大字。两座塔楼顶部为具有传统建筑风格的方形顶亭,饰以深棕色琉璃瓦,亭四周为箭垛式女儿墙。整幢建筑立面呈"门"字形,象征着中国的大门向世界敞开。

2010年2月,中国海关博物馆建设项目正式开工建设。博物馆位于建国门内大街古观象台的西侧,东至小羊毛胡同,西至柳罐胡同，南至大羊毛胡同，北至建国门内大街。2014年3月30日，中国海关博物馆正式开放。该博物馆的建成为首都增添了一个新的人文景观，成为展示中国海关历史沿革的平台、对外交流的窗口、开展爱国主义教育和海关职业素质培训的基地，同时也为研究中国近代史提供了新的视角。

商贸设施

东长安街上拥有众多的商贸设施，位于东长安街北侧的王府井，是北京乃至全国最著名的一条商业街，距今已有700多年历史，享有"金街"的美誉。新中国成立后，一批名店、老字号由上海等地迁入王府井，以"新中国第一店"百货大楼和东安市场为中心，开创了王府井辉煌的发展时期。王府井商业街以其商品全、品位高而享誉海内外，成为首都商业的标志。尤其是历经3次整体升级改造后，这条具有独特地位和特殊意义的商业街作为中国商业对外形象展示的窗口，其作用得

新东安市场

银街

到更淋漓尽致的发挥。

与"金街"南北平行，从东单到东四的街道被称为"银街"，这是改革开放以后迅速发展起来的一条繁华商业街。"银街"最大的特色是外来的服饰文化非常集中。在这条街上汇集了世界各地的名牌服饰专卖店，在北京的服装服饰领域颇具时尚号召力，因而吸引了大批的年轻人。

贵宾楼饭店

贵宾楼饭店地处紫禁城东侧旧皇城内，毗邻故宫、天安门广场和王府井商业街。只要登上贵宾楼顶楼平台远眺，皇城的巍峨全貌一览无余，紫禁城金色的琉璃瓦顶在阳光下熠熠生辉，俯视繁华的王府井和长安街，车水马龙交汇成国际大都会迅疾的节奏，使人感受着既古老又现代的中国脉搏。

贵宾楼饭店是首都旅游集团与香港著名爱国人士、全国政协

贵宾楼饭店

副主席霍英东于 1990 年合资建造的五星级酒店。

贵宾楼饭店是一座中西合璧、古典与现代完美融合的建筑，也成为中西文化的特殊载体。进入 1 层大厅，首先映入眼帘的是玉石镶嵌的国画《群仙祝寿图》、牙雕《长城万里图》、京剧脸谱……宛如漫游在中华民族悠久而灿烂的文化长河中。3 层的花园大厅，以两根直径 1.8 米的白色立柱撑起 25 米高的玻璃弯顶，四周的眺台栏杆层层叠叠，如瀑布从天而降，气势恢宏。北侧是罗马风格的 12 生肖石雕，以汉白玉精雕细刻而成。这一设计灵感源于被毁的圆明园，再现了大水法的 12 生肖喷泉。

贵宾楼饭店内所有的陈设充满了中国情调，布局别致，幽雅舒适，218 套客房全部配以花梨木家具、古典字画，体现了东方文化的精髓。贵宾楼饭店曾接待过美国前总统布什、英国前首相撒切尔夫人、德国前总理科尔、美国前国务卿基辛格、日本前首相海部俊树等国宾和许多国际性重要代表团。中国国家领导人和政府官员多次到贵宾楼视察和参加国事活动。可以说，贵宾楼饭店是北京也是中国对外展示改革开放巨大成就的一个窗口。

北京饭店

北京饭店位于东长安街与王府井商业街交会处，这座百年老店以其宏伟而辉煌的外观吸引无数过往的人们驻足欣赏。

光绪二十六年（1900年）冬天，两个法国人在崇文门大街苏州胡同南路口开了个小酒馆。第二年，酒馆搬到了东单，正式挂上了"北京饭店"的牌号，此时饭店由一个意大利人经营。光绪二十九年（1903年），北京饭店再度迁址到王府井南口，也就是现在的地址。光绪三十三年（1907年），中法实业银行接管北

北京饭店东楼

北京饭店西楼

京饭店，饭店扩建为5层的大楼，10年后又新建了一幢7层的大楼。北京饭店从建筑风格到内部设施都属一流，雄踞京城。

　　1949年，北平解放，北京饭店成为新中国国事活动和外事接待的重要场所。10月1日，新中国成立，盛大的"开国第一宴"在北京饭店大厅里隆重举行，共和国成立的喜悦永远地铭刻在了北京饭店的史册中。从新中国成立到20世纪60年代末期，历次国庆宴会都在北京饭店举行。按照周恩来的指示，北京饭店于1954年和1974年分别进行了两次扩建，先后建起了西侧大楼和新东楼。1984年5月6日，邓小平为其题写了"北京饭店"店名，高悬于北京饭店前厅楼上。1998年至2001年，北京饭店进行了大规模的更新改造，达到国际五星级酒店标准，经营面积也由13.8万平方米扩充到15万平方米。2001年2月19日，国际奥委会评估团一行人住北京饭店，他们详细考察了北京申办奥运会的各项准备条件，而北京饭店的服务质量和硬件条件也关系着申奥的成败。7月13日，北京终于赢得了2008年夏季奥运会的举办权，"百年奥运，中华圆梦"。

北京饭店留下了许多百年风云人物的足迹，如第一次世界大战英法联军总司令福煦、英国作家萧伯纳、印度诗人泰戈尔等都曾下榻于此。饭店至今还保留着孙中山先生在民国十四年（1925年）住过的房间，张学良、冯玉祥、李宗仁等也曾先后下榻北京饭店。北京饭店接待了第六届世界大城市首脑会议、中非合作论坛、亚太经合组织高官会议、国际奥委会综合评估团等无数大型国际会议和国际组织，接待了美国前总统布什、埃及前总统穆巴拉克、澳大利亚前总理霍华德等数十位国家元首、首脑或要人。2001年6月，世界三大男高音帕瓦罗蒂、多明戈、卡雷拉斯下榻北京饭店，在紫禁城演绎了"世纪之声"。2005年，全世界关注的国民党主席连战一行访问大陆，也下榻北京饭店。

北京饭店历经百年沧桑后，正一如既往地肩负着时代赋予的使命和责任并继续见证时代前行的步伐。

长安俱乐部

长安俱乐部位于东长安街南侧、北京饭店中楼对面，1993年开工建设，1996年建成，建筑面积24464平方米，地下4层，地上9层，是一座集商业、文化、健身、娱乐、餐饮、办公于一体的综合性建筑。为了与长安街周边建筑协调，该建筑采用白色

长安俱乐部

的墙、柱与深蓝色的玻璃幕墙，色彩上形成了强烈的对比，在建筑形式上既保留了一定的中国传统特色，又富有时代感。

自 1996 年 10 月开业以来，长安俱乐部以其高贵典雅的环境、精致的美食和周到的服务而享誉京城。雍容、华贵、大气的宫廷风格是长安俱乐部给人的第一印象。价值不菲的紫檀木屏风、摆件等藏品在俱乐部里随处可见。俱乐部里还有餐厅、酒吧、图书室等，康乐设施有游泳池、电影放映厅、乒乓球馆、保龄球馆、壁球馆和两个室内网球场等。许多国内外知名企业家都加入了长安俱乐部，并将其作为宴请宾朋、商务酬酢之处。

东方广场

东方广场位于东长安街北侧王府井大街与东单北大街之间，北邻东单三条协和医院，总占地面积 11 万平方米，总建筑面积约 100 万平方米，是迄今国内最大的综合性民用建筑。由 13 栋大楼和 1 栋地下送变电站组成。

东方广场的建设计划始于 1993 年，1994 年 11 月破土动工，

1995年停工。1997年7月复工，1999年2月结构封顶，同年9月完成外饰面。2000年9月商场及位于西回迁楼西部的新华书店开始营业。

东方广场地块上

东方广场

原有的几十家单位和约8000户居民用半年时间完成拆除、拆迁。包括20世纪70年代京城最著名的四大菜市场之一——东单菜市场（其余为西单菜市场、朝内菜市场、崇文门菜市场），往西依次是东单邮电局、外贸部招待所、外贸运输公司、北京青年艺术剧场、北京儿童电影院、人民邮电出版社和最早的中国民航办公楼，另外还有历史悠久的新华书店。1992年4月，内地第一家麦当劳快餐厅也是在这里（王府井大街南口）开业，它是当时世界上最大的麦当劳快餐厅。

当年的东单菜市场是京城四大菜市场中建成时间较早的一家，门牌为东长安街1号（今东方广场东方新天地东部位置），原名东单牌楼菜市，位于东长安街的东单路口西北、东单二条胡同南。它的历史可以追溯至100年前，当时邻近"使馆区"的东单菜市场因为多服务于周边的外国人，是京城的"高档购物中心"，由法国人管理。民国五年（1916年），北洋政府投资1.14万元（兑换券）建成铁棚式菜市，名为东单菜市场，又称东菜市。

东单菜市场

新中国成立后,这里改为国营"东单菜市场"。1958年拓宽东长安街时,把菜市场翻建成永久建筑。"东单菜市场"的匾额是由郭沫若题写的。

国际饭店

国际饭店位于北京站街北口,于1987年建成并开始营业。风格迥异的各式客房集豪华与古朴、典雅与辉煌于一体,展现了东西方文明的不同侧面。饭店毗邻交通运输部、国家旅游局、中华全国妇女联合会、中国海关总署等国家机关,与各国驻华使馆和各跨国公司中国区办事处近在咫尺。

国际饭店是一幢醒目的乳白色大厦,主楼高104.4米,建筑总面积12.6万平方米。大厦主体为三叉形，3条38.7米的半径曲面与垂直面、斜面巧妙地结合在一起，构成三足鼎立。"拥抱形"的外形设计犹如张开的双臂，向人们敞开胸怀。大厦以白色和深棕色为主色调，白色象征纯洁，棕色寓意古朴。建筑造型设计打破了"火柴盒"模式，以大弧形墙面显示出现代化的气息。位于28层的星光旋转餐厅是北京市中心最高的，也是当时唯一的旋转餐厅，在这里人们可以俯瞰京城迷人的景色，感受北京日新月异的变化。

国际饭店

交通及通信设施

北京火车站

北京火车站位于东单和建国门之间,东临通惠河,西倚崇文门,南接明城墙遗址,北临长安街,距天安门广场2.6千米。1959年1月20日开工兴建,9月10日竣工,9月15日开通运营,是新中国成立10周年首都十大建筑之一。总占地面积25万平方米,站房建筑面积2万平方米,站前广场6.5万平方米,是北京铁路局首批全国铁路枢纽之一。

新中国成立后,北京原有的正阳门东火车站不能适应当时客运的需要,1958年国务院决定新建北京火车站。铁道部第三设

20世纪60年代的北京火车站

如今的北京火车站

计院的专家们根据北京城市远景发展规划,力图改善铁路与城市道路干扰的状况,提出火车站的选址地点和设计方案。火车站主体大楼是对称型的两个钟楼,建筑风格为民族形式与现代技术相结合。主楼设计雄伟壮观,气势磅礴,中央是一座高34米的双曲扁壳屋盖。两边是两座高43米的钟楼。大楼地面以上为3层,东侧为出站系统,中央及两翼为进站系统,2楼主要为候车厅室,另设电影厅、餐厅、邮电服务等多项设施。

新北京火车站于1959年1月20日正式开工,上万名建设者昼夜奋战,并得到了社会各界的支持和帮助,仅仅用了7个多月的时间就建成了这座具有现代化水平的火车站。车站占地面积25万平方米,是当时中国最大的铁路客运站。施工期间,毛泽东、周恩来等中央领导人多次视察。毛泽东视察时,工程指挥部总指挥李岳林请他为新北京站题匾，他欣然提笔写下了三个苍劲有力的大字——北京站。

1959年9月15日，北京站正式开通运营。在1996年北京西客站建成以前，北京站一直是北京规模最大、设备最先进、客流量最大、最重要的火车站，即使进入21世纪，北京站也是北京通往国内外列车的始发站、首都重要的迎宾门之一。

北京邮政枢纽

北京邮政枢纽位于建国门内大街南侧，东临北京站街。占地面积4.12万平方米，由南楼、西楼、中楼、北楼及附属建筑组成，总建筑面积9.33万平方米。20世纪60年代开始建设，1993年7月全部落成，年处理邮件能力110亿件，为我国国内、国际邮件转运总枢纽，是国内达到国际先进水平的最大邮政转运中心。

1962年12月，国家计划委员会批准北京邮政枢纽设计任务书。南楼为邮件转运楼，建筑面积约1万平方米，由北京邮政管理局自行组织设计并施工。于1971年12月建成投产。该楼共3层，下有穿过车站广场的地下通道，以便于局站间邮件的接发运输。楼内安装有我国第一套推式悬挂包裹开拆设备和机械定点翻盘包裹粗分机、环形托盘式包裹细分机以及印刷品电葫芦开拆设备和直形托盘式大件印刷品分拣机等，使铁路干线邮作业初步实现机械化。

1977年6月，国家计委批准续建邮政枢纽工程。

北京邮政枢纽

西楼于 1985 年 5 月开工，1988 年 12 月竣工，为生活服务设施，设有餐厅、幼儿园、浴室和理发室等。中楼 1986 年 3 月开工，1988 年 6 月竣工，主要用于包裹和印刷品分拣、室内及干线转运等作业，装有现代化高速信件分拣机与控制中心。北楼 1990 年 1 月开工，1992 年底竣工，分 A、B 两段，A 段为办公用房，B 段为营业厅和分拣车间。全部枢纽工程于 1993 年 7 月投入使用。北京邮政枢纽北楼获 1993 年度建设部优质样板工程及 1994 年度中国建筑工程鲁班奖。

北京邮政枢纽的工艺流程是按信函进出口、包裹、印刷品进出口和邮袋进出口由接收到发出过程设计的。每种邮件的内部处理过程都是一条自动、半自动、机械和人工结合的分拣、封发、传输、交接作业的流水线，并采用计算机网络对枢纽和各条流水线进行集中统一调度管理和控制。在北楼东段的信函分拣中心还装有先进的自动化分拣系统，组成了分类理信、标码、调度控制等各个环节。

北京邮政中心局是枢纽的管理单位，是全国邮政网络中最大的集散和处理中心，居全国十大中心局之首，在全国邮运网络中起着至关重要的作用。北京邮政枢纽的建成使用，是我国在市场经济条件下建设大邮政、组织邮政大生产的必然产物，缓解了北京地区邮政紧张的状况，加速了各类邮件的传递速度，标志着北京邮件的处理方式实现了由传统的手工操作向机械化、自动化方式的转变，也是中国邮政走向现代化的重要标志。

文化设施

菖蒲河公园

北京菖蒲河公园位于天安门东侧，于 2002 年 9 月开放。菖蒲河系明清皇城中外金水河的东段（清代称长安左门以东的一段外金水河为菖蒲河），是皇城水系的组成部分，又名外金水河，因河中生长菖蒲而得名。河由西苑中海太液池南端流出，折向东南，经过天安门前，再沿皇城南墙北侧向东汇入御河，全长 510 米。

菖蒲河既是西苑三海的出水道，也是紫禁城筒子河向南穿过太庙的出水道。

20 世纪六七十年代，菖蒲河河沟被填平，改为街道，但倚皇城和太庙、皇史宬红墙而建的简陋民房严重影响文物安全，填平河道使重要的历史遗迹被淹没。2002 年，由东城区斥资，河道两侧居民全部搬迁，拆平后挖出菖蒲河故道，恢复了水面，重建了天妃闸，亮出了南皇城和太庙、皇史宬红墙，将这里建设成一处依托历史遗址、富有古典风格的城市园林。总占地面积 3.8 万平方米，河道全长 510 米，水面宽 12 米，水深 1.5 米至 2 米，与天安门前的金水河连通。4 座形态各异的人行桥横跨河道之上，河边保留有 60 余株古树，并新种植了大量花草和树木。

菖蒲迎春

公园有"菖蒲迎春""天妃闸影""红墙怀古""凌虚飞虹"等景点。2003年在园内建成了皇城艺术馆。"菖蒲迎春"位于公园东入口处，由6块高3.5米、宽1.5米的花岗岩组成的石屏风，用中国花鸟画的构图和传统的透雕手法，展现出一年四季各种花木禽鸟的画景。屏风前面还有用不锈钢精心锻造的"菖蒲球"造型。天妃闸是明清时菖蒲河汇入御河的一道闸门。重建的天妃闸由青铜铸造，两个巨型龙头口衔仿木闸板，古朴沧桑，配以石雕装饰，与清澈的河水共同构成了一处富有历史文化内涵的景观。

"红墙怀古"位于公园南侧，红墙原为明、清皇城的南墙，墙前安放了一块高2米、宽7米、厚4.5米、重60吨的山形景观石，取名"五岳独尊"，配有白色花岗岩须弥座。"凌虚飞虹"取材于明代东苑的凌虚亭和飞虹桥，凌虚亭是公园的最高点，飞虹桥采取传统的单拱石桥造型，像一条玉带横跨桥上。天趣园是花鸟虫鱼馆，园中的数百只观赏鸽是鸽中精品，部分已濒临绝种。

东单体育中心

东单体育中心位于东长安街东单路口西南侧，毗邻东单公园，在原东单体育场旧址上建造。中心总占地面积2.7万平方米，东部为室外体育设施，包括1个300米的塑胶跑道田径场、1个人造草皮足球场、7个室外篮球场、3个室外塑胶排球场、1个城市高尔夫球场；西部北端沿长安街为华诚大厦，其南为新建的体育中心，由两个相连的游泳馆和球类馆组成，建筑面积共3.46万平

东单体育中心

方米。1993年3月开工,1996年10月竣工。球类馆在南端,地上、地下分别设篮球、排球、羽毛球、网球、保龄球、乒乓球、台球和武术各馆,可同时开展10余项体育运动项目。

东单体育中心是目前北京市中心规模最大、活动项目最多、功能最齐全的体育场馆,全年对外开放。这里是市民运动健身的乐园,许多运动游戏从这里发源,如"三对三"篮球赛、"四对四"足球赛等。东单体育中心还承担了一部分业余训练任务,努力为国家培养输送优秀体育后备人才。足球国脚李辉,前国家女足教练商瑞华,篮球国手张卫平、梁馨,体操名将杨岳山、麻征,乒乓健儿杨玉华、王燕生、熊柯、王晨、张怡宁等都曾在东单体育中心训练,并从这里走向全国、走向世界。

东单公园

东单公园位于崇文门内大街西侧,面积4.75万平方米,园内植树8000多株,环境清新,绿树成荫,鸟语花香,是一座以

东单公园

山石、荷花池、花木、亭台为主要造景结构的街头公园。

这里原为元大都南郊,明初时城墙南移,被围入城内。光绪二十七年(1901年)签订《辛丑条约》后,这里成为外国驻军的练兵场,民国三十七年(1948年)国民党政府曾在此建临时飞机场,1955年被开辟为公园。

20世纪70年代,在公园北部利用挖防空洞积土而堆成一座座参差起伏的土丘,造成曲径盘亘、山石嶙峋、花木扶疏的意境。山顶建了一个六角重檐蓝琉璃瓦山亭,造型十分独特。南部景区于1984年建成,有水池、水榭和儿童游戏场等。东部有假山和广场,西部用太湖石和青石堆叠而成的幽邃曲折的隧洞构成一道屏障,既分隔了园林的空间,又体现出太湖石瘦、透、漏、皱的特色。

东单公园地处繁华的闹市,对周围环境的美化起了很大作用,也成为公众休闲的好去处。20世纪七八十年代,这里是围棋爱好者聚集的场所,公园里的围棋爱好者在当时北京业余围棋界具有比较高的水平,大家经常以棋会友,聂卫平还曾经去那里下过围棋。

长安大戏院

长安大戏院始建于民国二十六年（1937年），原址位于西单路口，是京都著名的日升大杠房的一个大仓库，后因萧条停业，转让给北京著名票友杨守一。1937年2月1日长安大戏院举行了开幕典礼。首场由著名京剧演员奚啸伯主演《失街亭》，胡菊琴主演《玉堂春》，压轴戏是金少山主演的《白良关》。中华人民共和国成立初期，这里是上演话剧最多的剧场。名剧《日出》《赛金花》《茶花女》《复活》《秋海棠》等话剧都在这里演出过。著名演员白杨、张瑞芳、舒绣文、李景波、项堃、谢添等，都曾在这里登台献艺。

1996年9月，长安大戏院易地新建，现址位于东长安街北侧光华长安大厦内，成为长安街上一座高档、豪华、舒适的现代化剧场，建筑面积2.1万平方米。新建的长安大戏院是古典风格与现代建筑艺术的完美结合，深具明清风格，配以经典的红木桌、豪华的贵宾席和舒适的软椅，可容纳800余名观众。长安大戏院以上演经典剧目为主，其多功能的舞台（升降、旋转、车台、伸缩台）和先进的音响及灯光设备均由计算机控制，能够胜任各门类艺术形式的演出。

长安大戏院

为了让异域的旅游者能理解、欣赏京剧，长安大戏院编排了特别适合旅游者观看的整台旅游京剧。长安大戏院每晚的旅游京剧专场可以说是京城一景。

中国社会科学院

中国社会科学院位于建国门内大街路北，是中国哲学社会科学研究的最高学术机构和综合研究中心。1977年5月在中国科学院哲学社会科学学部的基础上建立。中国社会科学院办公楼总建筑面积44000平方米，1983年竣工。

中国社会科学院自成立之日起，就与中国改革开放发展同步，担负起理论和思想建设的历史重任，系统研究马克思主义中国化

中国社会科学院办公楼

的最新成果，致力于重大现实问题的研究，积极开展中华文化传承和学科基础建设，并培养出一支高素质的科研人才队伍。目前，已拥有文史哲学部、经济学部、社会政法学部、国际研究学部、马克思主义研究学部等五大学部，31个研究所，45个研究中心。全院总人数4200多人，有科研业务人员3200多人，推出了大批高质量的学术研究成果，出版了数以万计的学术著作以及大量的论文、研究报告，为繁荣我国哲学社会科学事业、推动改革开放和社会主义现代化做出了重要贡献。

城市雕塑

城市雕塑是一门既古老又年轻的艺术，是一扇城市文明的窗口，昭示着未来城市文脉的发展走向。北京市的城市雕塑走在了全国前列，也被认为是全国城市雕塑建设的缩影。近年来，北京市先后在长安街沿线安放了多座雕塑，美化了长安街的形象，也扩大了首都的影响。

1997年2月，根据瑞士伯尔尼市万国邮联纪念碑主题造型，我国著名艺术家侯一民创作了雕塑《环宇传书》，立于建国门邮政枢纽门前。雕塑通过五大洲5位女信使围绕地球手拉手地传递信件的造型生动地反映了邮政通信实物传递、全球一网、联合作业的特点。

1998年8月，为迎接新中国成立50周年大庆，北京市对长安街及其延长线进行全面整治，长安街整治办和北京城市雕塑建设管理办公室策划了"新世纪的希望"城市雕塑设计方案竞赛，雕塑作品要求：第一，具有浓郁的民族性，体现地方特色和时代精神；第二，雕塑作品的设计要与长安街的环境和谐；第三，雕塑作品必须是造型优美、制作精湛的精品。目的是让这些雕塑成为弘扬民族传统、彰显地方特色和体现时代精神的文化景观。这次竞赛共征集到750多件参赛作品，在初步选出120多件作品做成立体方案对市民展览后，由规划、建筑、园林、雕塑方面的专家及长安街沿线有关单位进行了评审和优选，最终选出了8件作品制作出成品布置在长安街沿线。这些雕塑制作精湛、立意新颖、造型优美，可以说是城市雕塑中的精品。

东长安街的城市雕塑主要有：《中国风》《和风》《龙》《环宇传书》等，此外，王府井地区也矗立着一座座形神俱佳的城市雕塑。

由北京市工艺美术学校雕塑家严威设计的《中国风》建在长安大戏院广场，高度为4米。以京剧脸谱为创作思路，造型洗练，色彩亮丽，用夸张的手法将传统艺术与现代工艺完美结合，使整个雕塑显得生动而富于空间变化。

由北京建筑艺术雕刻厂雕塑家叶晨设计的《和风》建在建国门西北角绿地广场中，由4组风车组成，采用方阵造型和传统的金、银两色，风车是祈求风调雨顺的吉祥物，表现了中国民族文化特有的气质内涵，极具北京地方民间艺术色彩，微风袭来即可使风车转动，极具观赏趣味，为长安街增色不少。

由北京敦煌艺术有限公司雕塑家耿铁群设计的《龙》建在国际金融大厦前左侧绿地中，高度为5.8米。龙是中华民族的象征，寓意吉祥和力量。雕塑借鉴中国书法草书"龙"字，用翻转、腾

雕塑《中国风》

雕塑《环宇传书》

雕塑《和风》 　　雕塑《龙》

起等手法立体地展现了书法的神韵,极具动感和美感,让传统的书法艺术具有了现代感,也表现了中华民族屹立于世界民族之林的精神风貌。

为迎接国庆 50 周年,北京市政府还对王府井地区进行了全面治理整顿,在治理整顿过程中,东城区政府多次召开社会各方面的专家会议,以凸显王府井地区的风貌特质、文化品位和艺术要素。北京城市雕塑建设管理办公室与王府井大街开发建设管理办公室将该地区的城市雕塑定位于"历史性、艺术性、趣味性、融合性"。

原"王府井"牌匾浮雕由史抒青、仲马、郝重海等雕塑家设计,浮雕长 10 米,宽 7 米,采用紫铜纯手工锻造,镶嵌在王府井大街南口西侧墙面上,采用的是传统匾额形式。从长安街望去,这个金色"招牌"鲜亮突出,古朴大方。浮雕中间是"王府井"3

原"王府井"牌匾

个镀亚光钛金的金黄色大字,四周雕刻着全聚德、东来顺饭庄、盛锡福等12家王府井百年老字号的招牌及其经营场景,还雕刻着各种吉祥图案和老百姓喜闻乐见的小动物,以此烘托出古商业街繁华热闹的景象和预示北京现代商业的无限生机。这块牌匾在2007年北京饭店二期改造时被拆除。新建成的北京饭店二期建筑因红线原因,已无放置原"王府井"匾额的空间,于是根据现有建筑提供的空间对牌匾进行了重新设计制作,虽然在排列上有所变化,但仍保留了传统老字号

现在的"王府井"牌匾

等原有牌匾的主要元素。2010年9月,王府井大街的铜字"招牌"重新亮相,蓝底金字的牌匾在砖红色楼体的映衬下更加醒目。

此外,在王府井大街新东安市场的便道上还安放着一组铸铜雕塑,名为《逝去的记忆》,由《拉车》《剃头》《单弦》组成。3座雕塑采用的是写实造型的手法,再现了清末、民国初期最具北京特色的生活场景。《拉车》的创意极为精妙,作品只塑造了人力车夫,略去人力车上的乘客,留给人们充分的想象空间。

文物古迹

王府井古人类文化遗址博物馆

王府井古人类文化遗址博物馆位于东方广场地下。1996年12月28日,在东方广场工地地下12米处发现旧石器遗址,面积约2000平方米,出土了石制品、骨制品、用火标本和赤铁矿石等珍贵的文化遗物,共计2000余件。遗址距今约2.5万年,

王府井古人类文化遗址博物馆

属于旧石器时代晚期，今天的东方广场就是当年古人类临时活动的营地。这个遗址是继周口店之后远古人类遗存的又一大发现，也是世界上首次在一个国家的首都中心区发现的旧石器文化遗址，它记录了旧石器时代人类在北京平原地区的活动，这在以山区发掘为主的北京旧石器考古发现中尚属首次，为人们研究当时人类的工具制作技术、经济生活方式和适应生存能力以及北京市区环境的变迁提供了珍贵的资料。

2001年，王府井古人类文化遗址博物馆在原地落成并对外开放。馆内陈列着一块约50平方米的距今约2.5万年的遗址地块，其中有古人类的用火遗迹和烧石、烧骨、石制品及动物化石。同时展陈的还有在原址发掘出土的石砧、石锤、石片等物件。

古观象台

古观象台位于建国门立交桥西南角，台体高约14米，台顶南北宽20.4米，东西长23.9米。始建于明代正统年间（1436—1449年），至今已从事天文观测500余年，是现存古观象台中保持连续观测最长久的，是世界上现存最古老的天文台之一，同时也是我国明清两代的皇家天文台。它以建筑完整、仪器配套齐全、历史悠久和在东西方文化交流中的独特地位而闻名于世。

早在元至元十六年（1279年），天文学家王恂、郭守敬等就在今建国门古观象台北侧建立了一座司天台，成为北京古观象台最早的溯源。明朝建立后，于明正统七年（1442年）在元大都

1929年的古观象台

城墙东南角楼旧址上修建观星台，放置了浑仪、简仪、浑象等天文仪器，并在城墙下建紫微殿等房屋，后又增修晷影堂。此时观星台和其附属建筑群已颇具规模。

顺治元年（1644年）清政权建立之后，改观星台为观象台，并接受汤若望的建议，改用欧洲天文学的方法计算历书。康熙八年至十三年（1669—1674年），康熙皇帝授命南怀仁设计和监造了6架新的天文仪器：赤道经纬仪、黄道经纬仪、地平经仪、象限仪、纪限仪和天体仪。康熙五十四年（1715年）纪理安设计制造了地平经纬仪。乾隆九年（1744年），乾隆皇帝又下令按照中国传统的浑仪再造1架新的仪器，命名为玑衡抚辰仪。至此，我们今天所看到的8架古代天文仪器都已装备完毕。

光绪二十六年（1900年）八国联军入侵北京，德、法两国侵略者曾把这8件仪器连同台下的浑仪、简仪平分，各劫走5件。法国将仪器运至法国驻华大使馆，后在光绪二十八年（1902年）归还。德国则将仪器运至波茨坦离宫展出，在第一次世界大战后，根据《凡尔赛和约》规定，被德国劫走的仪器于民国十年（1921年）装运回国，重新安置在观象台上。

宣统三年（1911年）辛亥革命后，观象台改名为中央观象台。民国十六年（1927年），紫金山天文台筹建后，古观象台不再做观测研究，于民国十八年（1929年）改为国立天文陈列馆。民国二十年（1931年）九一八事变后，日本侵略者进逼北京，为保护文物，将置于台下的浑仪、简仪、漏壶等7架仪器运往南京。现在这7架仪器分别陈列于紫金山天文台和南京博物院。

新中国成立后，北京古观象台于1982年被列为全国重点文物保护单位，并于1983年重新对外开放，在国内外享有极高的声誉。许多国家的政府首脑（如英国前首相布莱尔、比利时前首相伏思达等）、高级官员和科学界同行都曾慕名前来参观考察。1998年时任葡萄牙总理的安东尼奥·古特雷斯来此参观，对古观象台珍贵的天文文物大为赞叹。他也曾参观过英国格林尼治天文台，但他认为相比之下，北京古观象台环境幽雅，文物保存更为完好。

纵观世界古天文台，有的只有遗址而无天文仪器，有的则随着科学技术的进步，仪器被不断更新，旧仪器没能和天文台一起呈现出来。而北京古观象台则不同，无论是历史建筑还是古代天文仪器都相对完整地保存了下来，实属罕见。

皇史宬

皇史宬始建于明嘉靖十三年（1534年），初建时称"神御阁"，嘉靖十五年（1536年）竣工后，敕赐名"皇史宬"。皇史宬是中国明清两代的皇家档案馆，又称表章库，位于北京天安门东边的南池子大街南口。

中国早在秦、汉时期，就有"金匮石室"的制度。《汉书·高帝纪下》记载："与功臣刻符作誓，丹书铁券，金匮石室，藏之宗庙。"所谓"金匮"，即是铜制的柜子；所谓"石室"，就是用石头砌筑的房子，其目的均是防火，让其保存的珍贵档案能永久地保存下去。尔后历代皇家档案库，均因袭秦、汉旧制，而又各有所发展，供保存各朝皇帝的"实录""圣训""玉牒"之类的皇家档案。

皇史宬的建造，最早源于明朝内阁大学士丘浚给皇帝的上疏。早在明朝弘治五年（1492年），丘浚就曾奏陈皇帝，提出应收集整理历代的经籍图书，立为案卷保存，以备"今世赖之以知古，后世赖之以知今"。对建设什么样的库房保存这些图籍，他建议：仿照中国古代"金匮石室"之意，在紫禁城文渊阁附近，建造一所不用木植、全用砖石垒砌的重楼，上层用铜柜存放各朝皇帝的实录和国家大事文书，下层用铁柜保藏皇帝的诏册、制诰、敕书及内务府中所藏可用于编修全史的文书。他的这一建议，基本勾画出了皇史宬的雏形。

但由于种种原因，他的建议当时并未能付诸实施，直到42年后的嘉靖十三年（1534年），嘉靖皇帝因下令重修累朝皇帝的

皇史宬

实录,并令大臣筹议建阁收藏皇帝的"御像、宝训、实录"之事时,当朝吏部尚书、华盖殿大学士张孚敬等,才重申前议,并有了"金匮石室"的正式建造,但新的建筑在丘浚建议的基础上有了很大改变。经张孚敬等议定,并经嘉靖皇帝批准,将建造地点选在了南池子一带,这样,既可以和其他宫苑建筑浑然一体,又离紫禁城不远,还便于专门保管和查阅。其建筑规制,不是重楼,而是和南京之斋宫相同,阁上敬奉历代皇帝像,阁下存放累朝皇帝的实录、圣训。建造整个工程用了两年时间。

嘉靖十五年(1536年)八月二十日,重修后的皇帝实录、圣训奉安进库,皇史宬开始正式投入使用。室内金匮明代有20台,清雍正时增至31台,同治时为141台,光绪时为153台。清代还把107颗将军印信存放于皇史宬,另贮《大清会典》等。两侧配殿清代还保存过内阁题本的副本。

皇史宬初建时,拟定的名字并不叫皇史宬。因其初意首先是为敬奉皇帝像而建,所以初命名"神御阁"。工程完工后,嘉靖皇帝又决定专用该建筑存放皇帝的实录和圣训，而皇帝画像则另修景神殿恭奉，因此将"神御阁"更名为"皇史宬"。据崇祯年间进士孙承泽《春明梦余录》记载，皇史宬的名字，是由嘉靖皇帝决定的，"宬"字，是在"成"上加个宝盖，这个字形的确定，也都是嘉靖皇帝"自制而手书"的。"宬"，《日下旧闻考》援引《燕都游览志》注释说："宬与盛同义，《庄子》'以匡宬矢'，《说文》曰：'宬'，屋所容受也。"

在中国历史上，皇帝至高无上，代表国家，而历朝皇帝又都标榜自己所修的实录圣训"不虚言，不溢美"，是真实的历史记录，所以用以存放实录圣训的地方，应既是保藏中华文化的总汇，又是保存皇家正史的殿堂。这也就是皇史宬之名称、之字形的寓意所在。清朝取代明朝后，仍将皇史宬作为保藏皇家档案之所，但皇史宬的门额字形，清朝做了很大的改变，并且改成了左汉右满两种文字。宣统三年（1911年），清朝政府被推翻后，皇史宬一度仍归溥仪小朝廷的内务府管理。民国十三年（1924年）底溥仪出宫后，皇史宬由北京故宫博物院接管，这个时期，皇史宬长期处于封存状态。1949年，北京市政府把皇史宬列为市重点文物保护单位。1955年，国家档案局成立，皇史宬移交国家档案局管理。从1956年起，国家陆续拨巨款对皇史宬进行了多次修缮。1982年，皇史宬又被国家文物局列为全国重点文物保护单位。

于谦祠

于谦祠位于东长安街南侧西裱褙胡同 23 号院,原有门匾书"于忠肃公祠"。于谦(1398—1457 年),字廷益,浙江钱塘人,官至兵部右侍郎、兵部尚书,是明代著名军事家、政治家。于谦祠原为其住所。明正统十四年(1449 年),瓦剌军南侵,明军北征,战败于土木堡,英宗被俘,北京告急。于谦临危请命,率兵 22 万于九门之外奋战,最后在西直门与瓦剌军激战 5 天,保卫了北京城。

英宗复辟后以谋逆罪于天顺元年(1457 年)将于谦杀害。人们相传,于谦被害之日,天色阴沉,全城百姓无不哭泣。京都民谣曰:"京城老米贵,哪里得饭广(饭广,指与于谦一同遇害的副总兵范广)?鹭鸶冰上走,何处觅鱼嗛(指于谦)?"成化二年(1466 年),宪宗皇帝特诏追认复官。将其故宅改为忠节祠。万历十八年(1590 年)时改谥忠肃,并在祠中立于谦塑像。清顺治年间,像毁,祠也废,清光绪年间又重建。

于谦祠坐北朝南,东为于谦故宅,毁于清初,光绪年间重修。院内东侧建有奎光楼,为 2 层小楼。上层为魁星阁,悬"热血千秋"木匾,正房 5 间为享堂,硬山合瓦顶,内供于谦塑像。1890 年,义和团曾在此设神坛。自民国以来逐渐由居民居住,房屋年久失修。2002 年,有关单位投资 900 万元,完成了该院内 37 户居民的搬迁,并对于谦祠进行修缮。这也是新中国成立以来首次对该祠进行全面修复。

东长安街延长线

从建国门到通州的东长安街延长线上汇集了多座具有国际化特征的商务设施,如长富宫中心、宝钢大厦、新华保险大厦、双子座大厦、安邦金融中心、中环世贸中心、中服大厦、招商局大厦、中国惠普大厦、海航实业大厦、世贸大厦、王府世纪大厦等;还分布着众多各具特色的商场、饭店,如赛特购物中心、贵友商场、金地广场、华贸购物中心、建国饭店、京伦饭店、万达菲亚特大饭店等。

20世纪50年代,随着与我国建交国家的增多,原来设在东交民巷和南河沿一带的使馆建筑从数量到功能都远远不能满足发展的需要,因此在建国门外的日坛公园一带集中建设了一个使馆区——建国门外使馆区。为了给国外驻京外交人员提供方便,自50年代至90年代,在建国门附近相继修建了齐家园外交公寓、友谊商店、国际俱乐部、建国门外交公寓、国际大厦等。

东长安街延长线还坐落着一些教育、文化设施,有培养广播影视传播人才的摇篮、中国信息传播教育的最高学府——中国传媒大学;有1964年周恩来总理亲自创建的培养国家外语外事、对外经贸、旅游管理高水平、高层次人才的重要基地,被誉为"外交官摇篮"之一的北京第二外国语学院;有以弘扬晋商文化和精神为主题的北京晋商博物馆，该馆是目前世界上规模最大、馆藏最为丰富的晋商专题博物馆；有鉴赏中国传统古典家具，集收藏研究、陈列展示紫檀艺术于一体的紫檀博物馆，该馆开启了私人博物馆进入旅游业的先河。

长安街作为北京城市中心区东西向主干道，在城市建设中具有重要的地位。2012年10月，东长安街延长线上的四惠交通枢纽建成，包含21条始发线路和7条途经线路，四惠长途汽车站也升级为一级客运站，日均客流量超过30万人次，成为北京市目前规模最大的交通枢纽。

便利的交通使东长安街延长线上的建外SOHO、SOHO现代城、珠江绿洲等满足了人们居住和办公的需求，兴隆公园、西

贵友大厦

会公园、八里桥音乐主题公园、通州运河公园成为人们休闲娱乐的好去处。

可以说,东长安街延长线上的建筑及其设施充分体现了社会经济发展不断加速的过程,现择其要者按照自西向东的顺序介绍如下:

建国门外交公寓

建国门外交公寓位于建国门外大街北侧,为各国驻华使馆、国际组织代表机构、各新闻机构及其人员提供办公、住宅用房和相关的服务。一期工程建于1971年至1975年,共9幢,建筑

建国门外交公寓

面积总计59936平方米。其中1972年建成的建外9号（今1号）外交公寓，位于建外大街最西端，东邻秀水街，西南侧为建国门立交桥，建筑面积19802平方米，平面呈"L"形，地下1层，地上中部9层、两端7层。

建国门外交公寓二期、三期工程建于1974年至1984年，总占地面积6.4万平方米，总建筑面积16.4万平方米，按照取得好朝向和丰富街景的原则，建筑沿建国门北大街东侧斜向红线布局，呈阶梯形，高低错落。

2005年，建国门外交公寓大修改建工程启动，主要是用钢筋加固墙体，提高抗震力，并采用了喷射混凝土外立面的工艺，还增加了中央空调系统，改变了临街的空调室外机凌乱的现象。通过这次大修改建，建国门外交公寓具有了更高的舒适度，东长安街延长线也增加了含蓄的简约美。

北京人民广播电台

1949年1月31日，北平宣告和平解放。当晚军管小组进驻并接管了西长安街3号国民党北平广播电台。2月2日上午11时45分，北平新华广播电台开始播音，这就是北京人民广播电台的前身。之后，台名几经变更，自1951年才正式定名为北京人民广播电台，一直沿用至今。

建台之初，电台只有14名工作人员，办有一套频率节目，每天播音8小时50分钟，发射功率不足1千瓦。1999年，现代化的北京人民广播电台业务大楼在建国门外大街南侧落成并投入使用。大楼在外墙色彩的选用上使用了深红色，以呼应深咖啡色的邻近建筑，通过色彩与质感的对比突出了其个性特征，为使建筑显得挺拔有力，还大胆地尝试了采用铝合金线条来点缀和充实普通的外墙石砖。

经过60多年的发展，现在的北京人民广播电台已经发展成为在全国有相当影响、具有相当经济实力的电台。全台办有9套开路广播、15套有线调频广播、17套数字音频广播，试验播出4套数字视频广播、2个数据服务频道，在北京有线电视网数字平台上播出16套有线数字广播节目和1个动感音乐数字电视频道，每天播音348小时，总发射功率193.5千瓦，成为以广播为主、多媒体联动的综合性传播机构；节目的采编、制作、传输全部实现了数字化，并在海内外30多家电台播出，还与美国、英国、加拿大、澳大利亚、新加坡、日本等国家的十几家主流媒体建立了节目交流与合作关系。

北京友谊商店

位于建国门东侧的友谊商店始建于1964年，为苏式4层楼建筑，营业面积9000余平方米，1973年开始对外营业，是中国首家大型涉外零售企业，主要经营中国传统工艺品以及从西方进口的物品。

最初，友谊商店只为外国人、外交官和极少部分的政府官员

北京友谊商店

提供服务，只接受外汇兑换券作为结算货币，人民币并不能在店内使用。在物质生活十分匮乏的年代，这座商店里却摆满了大量市面上见不到的东西，如梅林罐头、威士忌等进口商品。对于计划经济时代的中国人来说，能够在友谊商店里买一件其他商店里没有的东西是当时许多人梦寐以求的事情。

友谊商店曾吸引了众多世界名流。美国前总统乔治·布什和夫人曾来这里购买茶具；尼加拉瓜领导人丹尼尔·奥尔特加和夫人也曾光临此地购买中国丝绸；巴基斯坦前总理贝娜齐尔·布托曾深夜光顾友谊商店享用美式冰激凌，等等。

随着中国改革开放步伐的加快，1991年，友谊商店对普通群众开放。但是，随着北京市场化进程的加剧，百货商场、大卖场和购物中心开始兴起。同时,加上国内货币政策的不断放宽,外籍顾客已可以通过银联卡等多种手段进行消费,北京友谊商店不再是顾客购物的热门选择。2014年,经历50载风雨的北京友谊商店引入了精品超市和丝绸专营店,超市仍以经营进口商品为主。

齐家园外交公寓

齐家园外交公寓位于建国门外大街和秀水南街之间,是北京市第一批外交公寓,1957年7月开始兴建,1959年12月建成,占地面积5.7万平方米。这座建筑外观上是典型的"三段式"苏式建筑,但在其内部格局上并非是完全的苏式,而是嵌入了一些西方国家的生活元素。该楼长212米,中间部位有7层,两翼是6层,东西两端各5层,外立面一凹一凸,显得动中有静。在外立面采用红砖墙

齐家园外交公寓

面、檐口、窗套和首层外墙以灰白色石材作为装饰，彰显了中国元素。

齐家园外交公寓现有多高层公寓楼7栋，住房近400套，另有小型官邸13栋，是驻华使馆、国际组织代表机构、新闻机构及其人员的办公和居住用房。

CBD商圈——建国门至四惠桥

长安街自建国门往东，直到四惠桥一段，处于CBD核心地带。

CBD，即中央商务区（Central Business District）的简称，地处长安街、建国门、国贸和燕莎使馆区的汇聚区。北京市政府在1993年的《北京城市总体规划》中首次提出了CBD的概念，明确划出了CBD的范围——"在建国门至朝阳门、东二环路至东三环之间，目标是开辟具有金融、保险、信息、咨询、商业、文化和商务办公等多种服务功能的商务中心区"。同年，《北京市商务中心区规划》编制完成，对上述范围内地区的面积、开发构成、高度、容积率等方面进行了初步规划。1998年，北京市规划局在《北京市中心地区控制性详细规划》中，将CBD范围扩大为朝阳区内西起东大桥路、东至西大望路、南起通惠河、北至朝阳路之间约3.99平方千米的区域。这里是摩托罗拉、惠普、三星、德意志银行等众多世界500强企业中国总部所在地，以及国内众多金融、保险、地产、网络等高端企业所在地。CBD作为一张新的"城市名片"和国际大都市的一个重要标志，正在成为首都对外开放的重要窗口和率先与国际接轨的商务中心，成为首都现代化新城区和国际化大都市风貌的集中展现区域。

CBD是北京涉外资源最集中的地区，而长安街自建国门外大街至国贸桥东北侧，与东三环路相交处，正处于北京CBD核心区域。这片区域规划总用地面积约38.28万平方米，规划建筑面积约为130万平方米，主要用于商务、酒店、会展中心、文化娱乐、商业等设施建设。20年前，这片区域内大多为20世纪50年代建设的工厂，随着大规模的建设发展，高端产业聚集效应日益明显，如今已形成了以国际金融为龙头、高端商务为主导、国际传媒聚集发展的产业格局，仅国贸中心就聚集了50多家世界500强企业。

西长安街及其延长线

从天安门到复兴门的西长安街上，众多的党政机关办公楼、文化设施极为醒目。伴随着共和国的成长，这些风格迥异的建筑物日益散发出耀眼的光芒，吸引着路人的目光。从复兴门到首钢东门的西长安街延长线上，金融、商贸、服务设施等一应俱全。多个博物馆、公园、体育场馆等人文景观，全方位地展现着首都和国家的形象。

西长安街集中了中共中央、国务院、中共中央组织部、中共中央宣传部、中共中央统战部、工业和信息化部、国家粮食局等行政办公机构。汇集了中国人民银行、国家开发银行、中国银行、中国工商银行、民生银行、光大银行等众多金融机构办公楼，民航营业大厦、中国人保大厦、华能大厦、凯晨世贸中心、泰康人寿大厦、远洋大厦等商务楼，西单商业区、百盛购物中心等大型休闲购物场所，国家大剧院、北京音乐厅、西单文化广场、民族文化宫等文化场所。在西长安街北侧的金融街是对中国金融业最具影响力的金融中心区之一，也是首都金融中心。复兴门到首钢东门的西长安街延长线上，政府机关、金融商贸设施、文化体育设施等鳞次栉比，赋予这条"神州第一街"丰富的内涵。

党政机关

中南海

中南海位于西长安街，现在是中华人民共和国国务院、中共中央书记处和中共中央办公厅等重要机关办公所在地。中华人民共和国成立后，许多党和国家领导人都曾住在这里。

中南海占地100万平方米，其中水面约50万平方米。金朝时期，在今日中南海的北半部有太液池和大宁宫。元朝修筑大都

中南海

时，将太液池包入皇城之中，在其周围布置了3组宫殿，即大内、隆福宫和兴圣宫。元朝的太液池范围相当于今日的北海和中海。明成祖定都北京后，从永乐四年（1406年）起营建新的皇宫，明朝宫城在元朝宫殿所在位置的基础上向南移动，因此皇城城墙也随之南移。为丰富皇城园林景观，开挖了南海，挖出的土方和开凿筒子河的土方堆成万岁山（即景山）。北海、中海、南海统称"太液池"，属于皇城西苑。北海与中海以金鳌玉蛛桥为界，中海与南海以蜈蚣桥为界。清朝定都北京后，撤销皇城内诸内廷供奉衙署，将西苑大片土地改为民居，同时在北海、中海、南海三海周围设置"内红墙"，御苑范围退缩至内红墙之内，又在中南海内兴建殿宇馆轩，作为避暑听政之所。同治、光绪年间，慈禧太后及皇帝按礼制在12月从颐和园移居紫禁城时，也多在中南海内居住，仅行礼时前往紫禁城。戊戌变法失败后，慈禧太后曾将光绪帝囚禁于南海中的瀛台。

新华门是中南海正门，是在原宝月楼基础上改建而成，位于西长安街上，为两层楼房，面阔七间，下层中央三间为门洞。卷棚歇山顶，绿剪边黄琉璃瓦。宝月楼建于清乾隆皇帝时期。乾隆皇帝在《御制宝月楼记》中讲述了建造宝月楼的缘起：因为南海的南岸是背靠着皇城的狭长地带，原来没有宫室，从瀛台上望去过于空旷，缺乏景观，所以要在那里建造一座楼宇。乾隆说，此楼建成后是临水赏月的佳处，颇有月中广寒宫的意境，所以命名为宝月楼。登上宝月楼，可以北眺三海、南观街市、东看紫禁、西望远山，乾隆还为宝月楼题写了匾额"仰观俯察"。光绪二十六年（1900年）义和团运动时期，中南海成为俄军驻地，苑内文物陈设被掠一空，八国联军总司令瓦德西占领北京后，居住于中南海仪鸾殿。溥仪即位后，曾在中海西岸集灵囿修建摄政王府。辛亥革命后，袁世凯窃取了大总统职务，把中南海作为他

新华门

的总统府，将宝月楼改建为总统府大门，并以"新中华民国"之意取名为"新华门"。从此，新华门取代西苑门成了中南海的正门。同时在门内修建影壁，拆除了门外的清真寺，并将端王府的一对石狮移于门前。

此后中南海又先后被用作北洋政府的总统和总理办公地，以及张作霖的元帅府。国民政府接管北平后，中南海作为公园对中国民众开放。抗日战争结束后，国民政府军事委员会北平行营设在中南海。解放军进驻北平前夕，华北剿匪总司令傅作义搬进中南海办公。解放军进驻北平后，中共中央进驻中南海。

从新中国成立到"文化大革命"开始前，除了对已经非常破旧的建筑做一些必要的修缮和装饰外，中南海里一直没有进行过大的翻新和维修，很多砖墙仍保留着民国初年的外貌。1967年中南海内部进行了比较全面的装修，除了在很多建筑物墙面上精心写上了不同字体的毛主席语录和标语，还在影壁上装饰了"为人民服务"5个字；新华门前两侧也装饰了2条标语："伟大的中国共产党万岁！""战无不胜的毛泽东思想万岁！"

"文化大革命"结束后，中南海里的标语和语录也进行了清理。除新华门影壁上的5个字和门前的2条标语外，"文化大革命"时期的标语和语录全都取了下来。

在新华门对面，长安街南侧还有一道长长的西洋花砖墙。这道花砖墙可是颇具来历，是袁世凯为自己的"脸面"特意修建的。民国时期，袁世凯就任大总统，定中南海为大总统府。按中国传统，府邸的正门要开在南面，于是将皇城南墙内的宝月楼下层当中的三间打通，改造为大门，又将宝月楼前的皇城墙打开一个缺口，砌成两道八字墙。在对面修筑花墙挡住破烂的民居，以改善总统府前的观瞻。

中共中央宣传部

中共中央宣传部办公楼位于西长安街与府右街交会处的西北侧，东侧与中南海红墙隔街相邻，建筑面积1.1万多平方米，于1994年竣工。办公楼屋顶为大屋顶和坡檐式女儿墙，杏黄色琉璃瓦，得体地处理了从中南海到电报大楼的衔接过渡，在保持民族传统和地方特色建筑风格的基础上还进行了一定的创新。

中共中央宣传部

中共中央组织部

中共中央组织部办公楼位于民航营业大厦对面，建筑面积4万多平方米。其建筑风格庄重、典雅、实用、协调，是一座现代化、智能化、人性化的建筑，于2001年破土动工，2003年竣工。呈板式布局，坐北朝南，由北侧主楼、东西配楼及南北门楼组成，

中共中央组织部

是民族传统风格与现代风格的有机结合。

工业和信息化部

工业和信息化部（以下简称工信部）位于西长安街13号，是在原信息产业部、国防科工委的基础上，于2008年3月根据第十一届全国人民代表大会第一次会议的决议设立的。

工业和信息化部

原信息产业部实际上有两个办公地点，除了在西单的为主要办公地点外，电子口的一些司局在西边的万寿路办公。2008年6月29日，工信部举行了挂牌仪式。

商贸设施

位于长安街西侧的西单，是北京经济最繁荣、历史最悠久的三大商业购物区之一。其规模、设施配套程度、业态分布结构、社会认知程度、发展前景等都已具备现代商业区的特征。

西单商业区的历史可追溯到明代。据有关史料记载，当时，这里是通往京城西南广安门的主要路口，从西南各省陆路而来的商旅和货物，都要由卢沟桥至东到外城广安门，经菜市口向北进入内城宣武门，再经过西单进入内城各处。由此，西单一带兴建起了各种店铺、酒铺、饭馆、文化场所等。明清之际，西长安街附近的大理寺、太仆寺、太常寺、刑部、都察院、銮仪卫等衙署多到西单周围采办购物，推动了这里的商业发展，促使西单成为长安街上的一处热闹的商业中心。1999年建成的西单文化广场是长安街上唯一的大型绿地广场和集购物、康体、娱乐、休闲于一体的多元化商业地带。

西长安街连接着占地2.59平方千米的金融街。金融街不是一条街的名称，而是南起复兴门内大街、北至阜成门内大街、东邻西单商业区、西连二环路的首都第一个大规模整体定向开发的金融产业功能街区。1993年的《北京城市总体规划》提出建设国家级金融管理中心，集中安排国家级银行总行和非银行机构总部，北京金融街应运而生。经过20多年的发展，金融街发生了巨大的变化。目前，这里聚集了中国人民银行、中国银监会、中国证监会、中国保监会等国家金融决策和监管机构，以及包括20多家全球500强企业在内的中外银行、保险公司、基金公司等企业总部和地区总部上百家，成为全国高端产业聚集度最高、人民币资产流量最大的区域。

金融街所在地区在元代就被称为"金城坊"。元、明时期及清代初期这里就是繁华的商业区和金融中心。民国元年（1912年），设在这里的大清银行改为中国银行，"其后大陆、金城、中国实业各银行，均先后设立于此，民国十年以前，各银行竟于是谋建筑，颇有作为银行街之想"。然而，在军阀混战中，金城坊逐渐败落，

金融街

票号、金坊等转向前门及东城地区。

日月演进,斗转星移。在金城坊建立700多年后的20世纪90年代,一个南北长1700余米、东西宽600余米的具有浓郁民族风格和时代特色的现代化建筑群拔地而起。2012年以来,北京金融街内的金融机构掌控着全国信贷资金的95%、保费资金的65%、外汇清算业务的50%、人民币清算业务的38%,每天的资金流量超过100亿元……这里有金融业法人单位400多家,金融从业人员17.4万人;金融机构资产规模62.1万亿元,占全国金融资产总额的近50%;金融业实现营业收入3766.3亿元,利润2009.6亿元。2012年世界500强企业中的79家中国企业中,有15家总部设在金融街。上榜的国际知名机构中有17家在金融街设立了下属机构。金融街区域外资金融机构和国际组织已经发展到100余家,其中包括高盛集团、摩根大通银行、法国兴业银行、瑞银证券等世界顶级外资金融机构。金融街保持着对金融要素和金融机构强大的集聚能力,金融中心功能和国际影响力与日俱增。

北京图书大厦

1998年5月18日,北京图书大厦正式亮相于西单商业街东侧,营业面积1.6万余平方米。

早在1956年,北京市新华书店前身——新华书店北京分店在规划网点时,提出了要在北京建设图书大厦的初步设想。这一设想引起了北京市领导的高度重视，并将建设图书大厦列入北京市规划建设项目上报了中央。

1958年8月，正在北戴河参加中共中央政治局扩大会议的周恩来总理审阅了项目方案，并亲自主持批准了这个项目。北京图书大厦项目最终被选定在了长安街上的西单路口，即现在的北京图书大厦所在地。

因种种原因，北京图书大厦直到1993年才破土动工，历时5年建成开业。

得天独厚的地理位置和四通八达的便利交通使得北京图书大厦尽享发展的先机。2007年以来，图书销售总额始终居全国书店之首，在架品种约有几十万种，居全国第一。

北京图书大厦

把图书销售和文化活动结合起来,是北京图书大厦在强化为读者服务方面的一大特色。每逢节假日,名人签售、专家讲座、主题展览……各类活动一场接一场,大厦的文化功能不断扩展,影响力日渐增大,也吸引了越来越多的读者。为了满足广大读者多元化的购书需求,全方位提供"方便、快捷、精准"的一条龙式购书服务,北京图书大厦还于2010年初对已有的购书模式进行重新整合,形成了集网络零售、电话购书、手机短信购书、手机网购于一体的电子购书平台,全方位地满足了读者不同层次、不同方式的购书需求。

北京中银大厦

位于西单西北角的北京中银大厦,建筑面积17万平方米,为国际知名建筑大师贝聿铭和他的建筑师事务所所设计。大厦地上15层,地下4层,1996年10月破土动工,到2001年5月最后落成。

北京中银大厦被认为是"现代艺术与科学技术的完美结合"。整座大厦由两个"L"形的巨型独立单体建筑相连而成。大厦上方利用三维框架结构受力大的特点,由16个金字塔结构组成巨大的玻璃穹顶,使大厦在拥有独立封闭空间的同时,又拥有了一个极具视觉通透感的大堂。古香古韵的中式园林设计与西式现代建筑风格相互交映,截然不同的中西方文化理念融为一体。而这,也正代表着中资银行中国际化程度最高的中国银行,根植中国、

北京中银大厦

面向世界，将架起一座沟通中国与世界的金融之桥。

除了中国银行，西长安街还汇聚了中国人民银行、国家开发银行、中国工商银行、中国民生银行、中国光大银行等众多银行。

民族饭店

民族饭店位于民族文化宫西侧，建筑面积3.4万平方米，共12层，高48.4米。1959年9月开业，曾经被评为国庆10周年首都十大建筑之一。

新中国成立后，北京作为首都，每逢重大节日和召开重要的全国会议之时，全国的人民代表都要来到首都，而且随着新中国的逐渐发展，与我国建交的国家越来越多，外宾也日益增多，北京迫切需要建设大型的饭店。

为了迎接前来参加庆贺新中国成立 10 周年的嘉宾的到来，我国准备筹建两座宾馆，一是王府井大街北口的华侨大厦，一是在长安街上建设一座高级宾馆。直至 1958 年 10 月，民族饭店的设计方案才最终确定。在国庆十大建筑中，由于民族饭店工程开工较晚，在其他重大工程都已完成主体结构进行装修时，民族饭店才刚刚完成基础工程，因此工期十分紧张。在施工过程中，工人们采取边施工、边钻研技术、边改进施工操作的方法，克服了技术上的许多困难，最终，民族饭店工程不但按时完工，还创造出新中国建筑史上的第一：第一次采用高达 12 层的装配式框架建筑，从开始吊装到工程结束仅用了 120 个工作日，并成为当时我国采用工业化施工方法建成的最高建筑。1959 年 9 月，民族饭店提前竣工并交付使用。

外观古朴的民族饭店具有鲜明的建筑特色，以小民居式的单间为主，外墙以黄色面砖装饰，2 层设有望柱栏杆式挑阳台，门廊两侧各有一扇镂空花装饰的花隔扇窗。民族饭店建成以来，先后接待过来自美国、日本、法国等近 40 个国家的高级访华团，还曾经是 2008 年北京奥运会指定的接待饭店。

远洋大厦

远洋大厦位于西长安街复兴门立交桥东南侧，总建筑面积11.7万平方米，高68米，1997年9月开工兴建，1999年底竣工，是最具代表性的纯商业建筑。远洋大厦建筑风格恢宏大气，北立面为船体弧形，呈现丰富的通透感、立体感和层次感，同时兼顾了采光和私密性，这在北京的写字楼中是首创。大厦与对面的中国人民银行"聚宝盆"造型形成一凸一凹的呼应，成为西长安街上的一道风景。

据考证，大厦所在位置附近地区最早为北魏的一条古河道，在元代即成为商业繁荣之地。黄金地段加上纯高档写字楼的定位，如今远洋大厦吸引了全世界的商业企业在此长驻。2008年，著名导演张艺谋在拍摄中国申办2008年奥运会的宣传片时，多次于此取景，充分演绎了北京面向世界的现代化形象。

远洋大厦

通信设施

北京电报大楼

西长安街西单路口北侧有一座宏伟的苏式建筑，那就是北京电报大楼，建筑面积20100平方米，占地面积3800平方米，连同中央塔钟部分总高度73.37米，主楼东西长101.3米，南北宽18.1米；大楼主体7层，整个建筑呈"山"字形。

1958年9月21日，电报大楼竣工。其主要的通信设备是从当时苏联和东欧社会主义国家引进的，塔钟及其相关部分的设计、制造和安装得到了当时德意志民主共和国专家的帮助。大楼主要由报房、机房、营业厅和办公室等组成。营业大厅宽18米，深36米，凸出伸向北面，分成前、后厅。前厅主要为用户服务台、公用电话间、长途电话候话室及休息室等；后厅为大理石营业柜台、写稿台及长途电话隔音间。

自从电报大楼投入使用的那一天起，这座建筑就始终是彻夜通明。20世纪90年代以前，电报大楼是北京人通过电报、长途电话等通信手段与外界沟通的主要场所。

作为国家第一个五年计划中邮电建设的大型综合通信枢纽工程，北京电报大楼与全国所有省会、直辖市、自治区首府、工商

电报大楼邮票

业大城市和重要海港、边防要塞及休养胜地等均设有直达报路；与全世界各主要国家和地区建有国际报路。

筹建于1952年的北京电报大楼，曾经先后是邮电部、北京市长途电信局、北京市电信管理局、北京网通综合信息中心的机关办公地点，也是我国重要的通信枢纽。如今，电报大楼作为新中国通信事业发展的基础设施的代表，已经走过了60多个春秋。北京乃至中国的通信事业虽然已经发生了翻天覆地的变化，但是，以历史的观点看，北京电报大楼正在焕发它新的青春，是北京人留在记忆中抹不去的印记。

北京长途电话大楼

北京长途电话大楼位于复兴门内大街西端北侧，1959年12月开工，1961年和1966年两度停工，1972年9月复工，1974年9月建成，1976年7月投入使用，建筑面积约2.5万平方米。大楼平面呈方形，地下1层，地上两翼6层至7层，中部8层，上有 5 层塔楼，微波天线塔尖高 87.29 米。

北京长途电话大楼是全国电缆、微波和明线干线网的重要通信枢纽，建设时采用了许多新设备、新技术和新的施工方法。楼内设有北京微波站、微波载波室、国际传输室、北京长途机务站，装有微波载波、电缆载波、明线载波、国内人工交换机、国内国际自动和半自动交换机等通信设备，构成全国长途电信网络中心和我国国际电信的主要出入口局。在北京长途电话大楼内可以提供国内人工长途电话、国际国内自动长途电话、国际及港澳地区电话、会议电话、出租电路、广播电视节目传真等，并为公众电报、用户电报、传真电报、数据通信等提供可靠的电路。

北京长途电话大楼的建成对于改变当时我国通信落后的面貌起了重要作用，标志着我国通信技术已开始跨进现代化通信领域。

北京长途电话大楼

文化设施

国家大剧院

国家大剧院位于北京人民大会堂西侧，是中国最高表演艺术中心。

1958年，周恩来提出建设国家大剧院，并批示地址"以在人民大会堂以西为好"。国家大剧院的建设被列入国庆"十大工程"，但由于受当时经济条件限制，这一工程未能实施。

1990年，文化部重新提出兴建国家大剧院，并成立了筹建办公室。1996年10月，中国共产党第十四届六中全会提出了"2010年前要建成两个国家重要文化工程：国家大剧院、国家博物馆"的任务。1997年10月，中央决定在人民大会堂西侧尽快兴建国家大剧院。

1998年1月8日，中央决定成立国家大剧院建设领导小组和国家大剧院业主委员会，确定建设规模12万平方米，由一个2500个座位的歌剧院、一个2000个座位的音乐厅、一个1200个座位的戏剧场和一个300个至500个座位的小剧场四大部分和相应的艺术展廊、表演艺术研究交流部、艺术商店、快餐厅、咖啡厅和地下停车场等配套设施组成。要求设备配置水平与世界发

国家大剧院

达国家的国家剧院标准相当。

　　国家大剧院工程于 2001 年 12 月 13 日开工，2007 年 9 月建成，由法国建筑师保罗·安德鲁主持设计，占地面积 11.89 万平方米，总建筑面积 21.75 万平方米（包括地下车库 4.66 万平方米）。国家大剧院主体建筑为独特的壳体造型，高 46.68 米，地下最深 32.50 米，周长达 600 余米。壳体表面由 18398 块具有柔和色调和光泽的钛金属板及 1226 块超白玻璃巧妙拼接，前后两侧有两个类似三角形的玻璃幕墙切面，整个建筑漂浮于人造水面之上，行人需从一条 80 米长的水下通道进入演出大厅，以营造出舞台帷幕徐徐拉开的视觉效果。

　　剧院周围是面积达 3.55 万平方米的人工湖及由大片绿色植

物组成的文化休闲广场，不仅美化了大剧院外部景观，也体现了人与自然和谐共融的理念。

北京音乐厅

北京音乐厅坐落在西长安街南侧，北与中南海相对，东眺天安门广场，曾一度享有"中国的音乐圣殿"之称。

北京音乐厅隶属中国交响乐团。其前身是始建于1927年的中央电影院，1960年经改建作为音乐厅启用。1983年，在我国老一辈著名指挥大师李德伦、严良堃亲自主持下，北京音乐厅在原址破土重建，成为我国第一座专为演奏音乐而设计建造的现代风格的专业音乐厅。

北京音乐厅

近半个世纪以来，北京音乐厅作为国际专业音乐厅之一，梅纽因、斯特恩、小泽征尔、马友友、斯科达、多明戈、卡巴耶、刘诗昆、殷承宗、傅聪、林昭亮、吕思清、王健等国内外著名音乐家都曾在此一展才华。北京音乐厅作为美化生活、陶冶情操的一方净土，为丰富首都人民的文化生活、普及高雅艺术营造了良好的环境，也为促进中国和世界各国的文化交流、增进与各国人民的友谊做出了重要贡献。

西单文化广场

西单文化广场位于西长安街西单路口东北角、西单商业区南侧。其前身为西单劝业场及一批单层简易商业用房，总占地面积1.5万平方米，总建筑面积39990平方米，是为迎接新中国成立50周年大庆建设的工程之一，1998年3月开工建设，1999年8

西单文化广场

月建成。工程总投资 5.4 亿元。

西单文化广场是长安街上唯一的大型绿地广场和集购物、休闲、娱乐于一体的多元化商业地带。广场分地上、地下两层。地上广场 2.5 万平方米，地下为商城。广场中央高 13 米、直径 7 米的玻璃尖塔是其标志性建筑。在下沉广场中设计有观众台，供演出或商业活动使用。地下设有餐饮、商场、溜冰场、电影厅等。

2008 年奥运会前夕，西单文化广场进行了彻底改造，原来的玻璃尖塔被移除，取而代之的是开放式喷泉。广场中央的下沉设计被取消，取而代之的是平坦宽阔的青石铺地，大大增加了广场的开阔感。南部的草坪被取消，设置了阵列树木和照明灯具，使整个广场显得比原来宽广了许多。最南侧的瞻云牌楼被重新竖立起来，凸显了中国传统文化元素。

民族文化宫

坐落在西长安街北侧的民族文化宫，建于 1959 年 9 月，是中华人民共和国成立 10 周年北京著名的十大建筑之一。民族文化宫总建筑面积约 4.5 万平方米，其中主楼建筑面积 3.2 万平方米，地上 13 层，高 67 米，东西翼楼环绕两侧，中央展览大厅向北伸展，飞檐宝顶覆以孔雀蓝琉璃瓦，楼体洁白，塔身高耸。整个建筑造型别致、富丽、宏伟、壮观，具有独特的中国民族风格。1994 年被北京市民选为 50 座"我最喜爱的民族风格建筑"之首；作为新中国"第一宫"载入英国出版的《世界建筑史》；1999 年

民族文化宫

国际建筑师协会第二十届大会上,民族文化宫被推选为20世纪中国建筑艺术精品之一。

民族文化宫的建设来源于毛主席的一个提议。1950年,毛泽东主席在中央政治局会议上提出:我国是个多民族国家,新中国成立后,每年都有许多少数民族同胞来到首都北京参观访问,要给少数民族建一个宫,不但可以作为各民族大团结的象征,还可以作为少数民族同胞活动的中心。后因抗美援朝和国家整体经济形势,此项建筑计划未能列上日程。1957年8月,国务院批准将民族文化宫列入国庆10周年首都十大建筑之一。1958年10月开工,1959年9月竣工。

民族文化宫在建设过程中,得到了毛主席、周总理等党和国家领导人的关怀和鼓励,尤其是周总理,始终关注着民族文化宫的建设进展情况。民族文化宫剧场内，安装着中国自制的、能翻译6种民族语言的超短波"译意风"（即earphone，电子翻译装置），为的是给少数民族同胞提供更好的服务。说到这个设备也有一段鲜为人知的故事：当年周总理到苏联去参加会议，发现会议现场采用这种无线电接收设备进行同声翻译。于是，细心的总理就将苏联使用的一张无线电接收设备说明书带回了国内。回国后，周总理把主持筹备和建设民族文化宫的张镈叫到他的办公室，把说明书交给他，要他们按照这个说明书找厂家，研制出无线电接收设备。

民族文化宫建成后，毛泽东主席亲笔题写了"民族文化宫"5个大字。在民族文化宫即将落成之际，郭沫若为民族文化宫题词："中华自古多弟兄，屹立崔嵬民族宫。团结一心期进步，经营不日庆成功。传奇丰富多文采，创业辛勤冀大同。碧瓦银墙风格美，长安街上万灯红"。

民族文化宫最初由博物馆、图书馆、文娱馆三大部分组成，是新中国诞生后唯一的以举办各类民族活动为主的场所和机构。民族文化宫博物馆共收藏全国各民族古代、近现代文物5万余件，内容包括生产工具、生活用品、服装服饰、民间乐器、钱币印玺、文书封诰、工艺美术、宗教用品等。另有图片资料6万余幅，图书文献资料2000余册，音像资料500余盘，其中有许多是我国博物馆界独一无二的孤品、绝品。随着我国改革开放和经济建设的发展，民族文化宫博物馆充分发挥资源优势，在国内举办了多次巡回展。1989年，民族文化宫图书馆改为中国民族图书馆。

到 2012 年，中国民族图书馆收藏图书文献 60 余万册。其中，民族文字古籍 17 万余册。特藏文献中有不少国内外罕见的各种民族文字写本、刻本、金石拓片、舆图，还有年代久远的稀世真品贝叶写本、菩提叶写本等，堪称"民族知识宝库"，被誉为"民族典籍之宫"。

自民族文化宫建成以来，举办各种展览 700 多次。平均每年接待国内外来宾 30 余万人次，最高时达到 40 万人次。在这里举办的少数民族文化展览，给几代人留下了深刻印象，教育和鼓舞了各族人民。

城市雕塑

为了迎接新中国成立 50 周年，西长安街上安放了《蒸蒸日上》《书》《树》《南极石》等城市雕塑，与原来的《和平》《海豚与人》《马踏飞燕》等雕塑一起为宽敞、端庄、亮丽的长安街增加了新的文化亮点，可谓锦上添花。新、老雕塑与整治后的长安街及其延长线的风貌融为一体，焕发出新的活力。

由中央美术学院工程部雕塑家郝重海设计的《蒸蒸日上》建在西单文化广场，高度为 18 米。雕塑取材于老北京传统的"沙燕"风筝造型，高高耸立，象征着祖国文化艺术事业蒸蒸日上。

由卓纳艺术科技有限公司雕塑家佐娜设计的《书》建在西单图书大厦前广场，高度为 4 米。寓意书籍是人类进步的阶梯，造型为由书籍组成的螺旋上升状台阶，立意与造型完美地结合在了

雕塑《蒸蒸日上》

雕塑《书》

雕塑《树》

雕塑《南极石》

雕塑《和平》

一起。

  由鲁迅美术学院雕塑系霍波洋、屈东群、张沈、洪涛等雕塑家设计的《树》，建在中央教育电视台前的绿地中。由 4 根稳定的树干支撑着 248 只鸽子组成的树冠，高达 6 米。每只鸽子都是用不锈钢精工细作而成，象征着和平和教育事业枝繁叶茂，祖国繁荣昌盛。

  国家海洋局楼前的广场上安放了我国第三次南极考察队 1987 年采自中国长城南极站的南极石，象征着我国科技工作者的奋斗成果、任重道远的征程和开拓前进的恒心。

  现在，当人们路过长安街时，看到矗立在长安街沿线的一座座城市雕塑，总会停下来观赏一番，这些各具特色的城市雕塑为美丽的长街增添了无尽的风采。

雕塑《海豚与人》

雕塑《马踏飞燕》

文物古迹

西长安街现存的文物古迹主要集中在中南海内,其中较为著名的有瀛台、丰泽园、怀仁堂、紫光阁、勤政殿等。

瀛 台

瀛台是南海中一座美丽的小岛,始建于明代,时称"南台"。清朝顺治、康熙年间在岛上修筑了大量殿宇并改为现名,是明、清两代帝王后妃的游玩之所,置身瀛台宛如置身于蓬莱仙境。

瀛台岛北有石桥与岸上相连,桥南为仁曜门,门南为翔鸾阁,正殿七间,左右延楼十九间。再南为涵元门,内为瀛台主体建筑涵元殿。由于岛上存在坡度,该殿北立面为单层建筑,南立面则为2层楼阁,称"蓬莱阁"。涵元殿北有配殿2座,东为庆云殿,西为景星殿;殿南两侧建筑,东为藻韵楼,西为绮思楼。藻韵楼之东有补桐书屋和随安室,乾隆时为书房,东北为待月轩和镜光亭。绮思楼向西为长春书屋和漱芳润,周围有长廊,名为"八音克谐"及"怀抱爽"亭。

戊戌变法失败后,光绪帝曾被慈禧太后囚禁于瀛台涵元殿。涵元殿为瀛台正殿,坐北面南。北有涵元门与翔鸾阁相对,南有

藻韵楼

香宸殿与迎熏亭相望,隔海便为新华门。光绪帝除了每天清晨陪慈禧上早朝外,其余时间便被囚禁在此。侍奉的太监均为慈禧的心腹李莲英亲自挑选,实为监视光绪。光绪皇帝在瀛台度过了他生命的最后岁月,死于涵元殿东室。

袁世凯称帝后亦曾将副总统黎元洪软禁于此。瀛台现为举办宴会及招待活动的场所。

丰泽园

瀛台之北是丰泽园,康熙年间(1662—1722年)建造。康熙修建丰泽园意在于劝课农桑,"丰泽"之名,本就寓意与民同耕,共庆丰收。因而园内一切不求奢华,反以朴实为特色。不仅建筑采用青砖灰瓦，还在园南面辟出稻田10余亩，园后植上桑树几十株。另在园东南角建小屋数间，作为养蚕之所。康熙每年都会在丰泽园亲自扶犁耕作，采桑养蚕。这种园外耕种，园内读书、处理政务的生活方式，正是中国古代"诗书传家，农耕为本"治国治世思想的体现。

丰泽园建成后，除了耕种养蚕，还被作为演耕之所。演耕多在孟春进行，翁同龢日记中记载了演礼的具体步骤："戊子二月二十七日，上诣丰泽园演耕。巳正一刻驾至黄幄少坐，脱褂摄桩。户部郎中篙申进犁，顺天府尹高万鹏进鞭，龢及孙贻经播种，孙贻经执筐，臣龢实播之，府丞阿桂执青箱（播种用），汉戈什爱班从御前侍卫扶犁，老农二人牵牛，凡四推四返，毕，至幄次进茶，还宫。"

从清初至乾隆前期，每年宴请蒙古王公、外藩、宗室的活动以及凯旋庆功筵宴都安排在丰泽园举行。丰泽园内主体建筑为惇叙殿，乾隆十一年（1746年）八月二十七日，乾隆赐王公、宗室103人宴于丰泽园，八月二十八日又赐满汉大臣、翰林176人宴于丰泽园。当时设御宴宝座于丰泽园内惇叙殿，赴宴的王公、宗室分列殿内及左右两厢，在园门摆设恩赏诸物。宴会后，王公、宗室大臣还到瀛台、淑清院、流杯亭等处游览，并在流杯亭赋诗联句。

光绪年间，惇叙殿改名为颐年殿，民国时改名颐年堂，袁世凯、段祺瑞等曾在此办公。1949年后改为会议场所。颐年堂东为菊香书屋，为毛泽东居住地。

丰泽园

丰泽园西侧有荷风蕙露亭、崇雅殿、静憩轩、怀远斋和纯一斋；荷风蕙露亭北为静谷，为一座幽静的小园林。静谷门上的对联为"圣赏寄云岩，万象总输奇秀；青阴留竹柏，四时不改茏葱"，为乾隆皇帝御笔。静谷内环境清雅、静谧，景致旖旎，因此静谷也有"园中之园"的美誉。

静谷往北为春耦斋，民国时为总统办公处，袁世凯和段祺瑞曾在此召开过财政会议。新中国成立后，中央领导和中央办公厅、中央军委曾在这里举行过会议。

怀仁堂

怀仁堂原址位于丰泽园东北,清光绪时修建,取名仪鸾殿,为慈禧太后居住和处理政务之所。慈禧太后将光绪囚禁于瀛台后,此处取代紫禁城成为实际意义上的政治中心。八国联军统帅瓦德西曾在此居住,其间不慎失火,将殿烧毁。慈禧太后后另在中海西岸修建了新的仪鸾殿,后改名佛照楼,袁世凯称帝前改名怀仁堂,并在此接见外宾、接受元旦朝贺。

1949年,拆除了原建筑,修建了中式屋顶的2层楼房。9月21日,中国人民政治协商会议第一届全体会议在怀仁堂举行。

中华人民共和国成立后,怀仁堂成为中央政府的礼堂,经常举行各种政治会议、举办仪式庆典和进行文艺演出。这里见证了共和国的无数重大事件。

1952年10月,亚洲及太平洋地区和平会议在怀仁堂举行,这是新中国成立后第一次在中国召开的大型国际会议。为了这次会议,怀仁堂进行了大规模的翻修,改建成为一座足够900人开会的大礼堂。舞台部分加高扩大,新安装了通风设备和同声传译设备,来自37个国家的414名代表出席了会议。

1955年9月27日,在这里举行了朱德、彭德怀、贺龙、陈毅、罗荣桓、徐向前、聂荣臻、叶剑英被授予元帅军衔的典礼。

1956年4月27日,中央工作会议在怀仁堂举行,会间休息时,毛泽东在倡议实行火葬的倡议书上签了名,这是新中国成立后领导人规格最高、签名规模最大的一次火葬签名,共有115人相继签名，也拉开了新中国自愿实行火葬的改革序幕。

1967年2月11日和16日，在怀仁堂召开的中共中央政治局碰头会议上，谭震林、陈毅、叶剑英、李富春、李先念、徐向前、聂荣臻等人不顾个人安危挺身而出，同江青、康生、陈伯达一伙进行了面对面的斗争。从2月25日至3月18日，中共中央连续召开了7次"政治生活会议"，以所谓"二月逆流"的罪名批判这些党政军领导干部。1978年11月，在中央工作会议上，中央郑重宣布，为受到冤屈的所有同志一律恢复名誉，为受到牵连和处分的所有同志一律平反。

1988年9月14日上午，中央军委授予洪学智、刘华清、秦基伟等17人上将军衔的仪式在怀仁堂举行。

怀仁堂

紫光阁

紫光阁是中海西岸最重要的建筑之一。紫光阁阁高两层，面阔七间，单檐庑殿顶，黄剪边绿琉璃瓦，前有五间卷棚歇山顶抱厦。明武宗时为平台，台上有黄瓦顶小殿。明世宗时废台，修建紫光阁，清康熙时重修，成为皇帝检阅侍卫比武的地方。每年仲秋之际，康熙帝常集上三旗（即镶黄旗、正黄旗、正白旗）侍卫大臣，在阁前的广场上演兵习武，骑马射箭；隆冬季节，则于阁前殿试武进士，选拔军事人才。

乾隆年间，由于西北地区少数民族上层分子叛乱，乾隆皇帝为了嘉奖平叛有功之臣，于乾隆二十五年（1760年）重新修葺紫光阁，并在阁后新建武成殿一座，乾隆帝以擅长书法著称，欣然御书匾额，并题联一副，左联曰：干羽两阶崇礼乐；右联曰：车书万里集冠裳。殿内悬挂乾隆帝写的嘉奖武功的文章，还悬挂着100名功臣的画像，画像下写有赞语，其中50人的赞语是乾隆皇帝亲自撰写的。殿阁左右庑壁上，镌刻了224首诗词，赞誉功臣们的武功成就。阁内还收藏了平叛中缴获的旗帜、武器等战利品。

乾隆二十六年（1761年），紫光阁再次改建，改建后的紫光阁分上下2层，后殿称为武成殿，面阔五间，单檐卷棚歇山顶。乾隆题额"绥邦怀远"，左右有配联，上联"两阶干羽钦虞典"，下联"六律宫商奏采薇"，东西庑各15间，内中陈列石刻的乾隆题诗。以抄手廊与紫光阁相连接，形成了一个典雅、肃穆的封闭

紫光阁

院落。

　　乾隆朝以后，紫光阁成为宴请国内少数民族王公和接见外国使节的场所。清朝后期，由于西方资本主义势力打开了中国的大门，清廷与国外交往日益增多，皇帝常在此接见外国的使节。

　　新中国成立后，党和国家十分重视文物古迹的保护工作，1953年紫光阁的大规模修复工作曾得到周恩来总理的亲切关怀。1953年至1966年，北京市西城区曾5次在这里选举区人民代表大会的代表，毛泽东、刘少奇、朱德、周恩来等党和国家领导人都在此与中南海的工作人员一起参加了选举投票。周总理和陈毅副总理等经常在紫光阁接见国家重要外宾。

勤政殿

勤政殿位于中海与南海之间的堤岸上，正门德昌门即南海的北门。

勤政殿是清代康熙年间在明代西苑的基础上修建起来的，是皇帝在西苑居住时的办公地点。清朝历代统治者都曾在此做出过很多重要的决策，例如戊戌变法时期，光绪皇帝和康有为就曾在这里商量过变法的事。辛亥革命以后，勤政殿成为北洋政府重要的会议厅之一。

1949年新中国成立前夕，两次新政治协商会议筹备会在此召开，作为起草中国人民政治协商会议共同纲领的第三小组组长周恩来总理，为了提高效率，方便同与会人士交换意见、统一认识、提出议案，曾住在勤政殿办公。

1950年至1952年，勤政殿原址进行了修缮。修缮后的勤政殿兼具中西风格，在长达10余年的时间里，是毛泽东主席接见和宴请外国首脑、著名人士的重要场所。它的三开间红色烫金大门建在7层台阶高的平台之上，配以琉璃瓦的大屋顶，结构严谨、气势宏伟。穿过正门是一个很大的天井式院落，青砖地面，严丝合缝。东西两边各有一尊铜制圆鼎香炉，在松柏中肃然而立。

勤政殿共有大小厅室30余间，由前厅、长廊通道、中门客厅、接见大厅、西客厅、主席办公室以及东餐厅等组成，处处相依相连，通畅便捷。各种各样用于照明、装饰的灯具多达1200余盏；多宝槅内陈列的文物珍品上至战国，下及明清，多达100余件。这些贵重国宝均是根据国家典礼需要，由专家选定，经党中央批准从北京故宫博物院借调来的，包括铜器、瓷器、玉器、石器、珐琅、漆器、紫檀等。

1956年秋，在印度尼西亚总统苏加诺来华进行友好访问时，毛泽东主席特别安排他下榻勤政殿，双方就两国友好条约的签订、文化合作协定以及经济技术合作达成了重要共识。

1958年人民大会堂建成以后，虽然以国家名义的接待事宜转到人民大会堂，但毛主席的外事接见活动仍在勤政殿进行。"文化大革命"初期，陈列在勤政殿的全部文物经专人清查核实后移交故宫博物院。20世纪70年代，勤政殿因多处建筑结构破损，影响使用而被拆除。

都城隍庙

在金融街一幢幢现代建筑之间还保留着一处古迹——都城隍庙。都城隍庙始建于元至元四年（1267年），至今已有700多年的历史。明清时几经重修，规模不断扩大。随着时局的变迁，如今的都城隍庙只有后殿"寝祠"幸存，旧日恢宏的建筑、庄严的祭礼，以及商贾云集的庙市早已淡出了人们的记忆，辉煌已不复存在。近年在重修寝祠大殿工程中，施工人员在居民房屋下发掘出4块石碑，3块较为完整，其中2座石碑曾作为民房墙壁，碑身字迹仍依稀可辨，分别是顺治年间之《西棚老会碑记》和雍正年间之《重修京都城隍庙挂灯会碑记》；另一座深埋地下，字迹

都城隍庙

已模糊不清。现 3 座石碑被重新竖立于寝祠两侧。

牌楼

老北京的主要街巷早年间都建有牌楼，牌楼亦称牌坊或简称为坊。元大都居民区曾划分为 50 坊，坊各有门，门上署有坊名。到了明代，牌楼更是遍及京城各主要街巷。古时的牌坊主要是地名牌坊、衙署牌坊，作用为标识引导。后来，牌坊的作用又扩展为褒奖教育、炫耀标榜、纪念追思、宣扬道德等，便有了功德牌坊、功名牌坊、官宦名门牌坊、孝子牌坊、贞节牌坊、仁义慈善牌坊、历史纪念牌坊、学宫书院牌坊、文庙武庙牌坊、府第牌坊、会馆商肆牌坊、戏楼牌坊、陵墓祠庙牌坊、寺庙牌坊、园林牌坊等。

东单牌楼和西单牌楼即是明代永乐年间修建的。东单和西单的地名就来自于它们所在的位置的牌楼,这个"单"字真正的含义其实就是"单个"的意思。那是因为在这两个地方的路口北面各只有一个三间四柱三楼冲天式木牌楼。东单的牌楼叫"就日",西单的牌楼叫"瞻云"。据考,这两座牌楼上的文字典出《史记·五帝记》"就之如日,望之如云"。意为东边看日出,西边望彩云。民国五年(1916年),袁世凯当政,将"就日"和"瞻云"分别改为"景星"和"庆云"。因为这里的牌楼就是单独一个,所以,老北京人就"东单牌楼""西单牌楼"地叫开了。相应地,在它们以北不到2000米的十字路口分别有4个牌楼,于是,老北京

瞻云牌楼

人也就称之为"东四牌楼"和"西四牌楼"。20世纪50年代扩路时,牌楼被拆除,于是只剩下了"东单""西单""东四""西四"的地名了。2007年,西单文化广场改造,复建了西单牌楼。

  另外值得一提的是,在东西长安街扩建之时,东西长安街上的两座牌楼因影响交通需要拆除,周恩来总理知道这件事后,为了保护这两座牌楼,特意指示北京市有关部门,于1955年2月17日将具有较高历史价值和艺术价值的东长安街牌楼、西长安街牌楼迁建于陶然亭公园内。这两座牌楼为陶然亭公园增添了不少秀色。牌楼开始准备建于窑台和公园东门内,后来改建在榭湖桥畔,是年春迁建竣工。两座金碧辉煌的牌楼,背衬浓荫覆盖的小山,倒影映在碧波荡漾的湖面,景色异常瑰丽,给游人留下了深刻印象。可惜的是,1971年9月,这两座牌楼成了"为封建帝王将相树碑立传",被一个工兵班在深夜里炸毁了。2011年9月底,陶然亭公园按原有规制复建了这两座牌楼,游人可以近距离地领略老北京牌楼的神韵。

保卫和平坊

在中山公园里还有一座保卫和平坊，它原来在东单北边的西总布胡同口，是中国人民近百年来反对帝国主义侵略压迫的见证。1900年6月14日，德国驻华公使克林德下令枪杀义和团团民约20人。20日，克林德途经东单牌楼时又开枪寻衅，被清军士兵击毙。事后，腐败无能的清政府屈辱求和，不仅向德国赔礼道歉，还在克林德被打死的地方建了一个三间四柱三楼、蓝色琉璃瓦顶、汉白玉石结构的牌楼，称为"克林德坊"，立于西总布胡同。1918年，第一次世界大战结束后，德国战败，老百姓把这座代表中国人民耻辱的牌楼拆了，把原来的材料移至中山公园再建，改名为公理战胜坊。1952年，在北京召开了亚洲太平洋地区和平友好会议，决定将此坊改名为保卫和平坊。"保卫和平"4个字为郭沫若所题。

西长安街延长线

从复兴门到首钢东门的西长安街延长线上坐落着多个政府机构办公楼，如国家新闻出版广电总局、国家海洋局、北京铁路局、中共中央对外联络部、中华全国总工会、中国地震局等；还有一些大型的商贸设施，如中化大厦、光大大厦、梅地亚中心、国海广场、国宜广场、中国铁建大厦、电子大厦等，以及众多各具特色的商场，如复兴商业城、长安商场、北京城乡贸易中心、翠微百货、凯德晶品购物中心等。

国家海洋局　　　　　　　　　国家开放大学

西长安街延长线还以丰富的教育、文化、体育设施为特色，有被誉为"共和国警官的摇篮"的中国人民公安大学；有面向成人开展远程开放教育的新型高等学校——国家开放大学；还有专门从事博士、硕士研究生教育的新型现代化研究型高等院校——中国科学院大学。

清人龚自珍曾经说过，"灭人之国，必先去其史"，可见史之于国的重要性，而博物馆正承担着存史固国的重任。西长安街延长线上既有专题展示北京50万年人居史、三千年城市史、八百多年建都史的首都博物馆，又有展示中国人民解放军自成立以来发展、壮大历史及成就的中国人民革命军事博物馆，还有2014年1月开馆的铁道兵纪念馆，专题展示铁道兵的业绩和发展历程。

西长安街延长线上的体育设施主要有：建于20世纪80年代的石景山体育场；于20世纪90年代初落成的石景山体育馆，是为举办北京亚运会修建的比赛场馆，也是北京奥运会期间的篮球训练场馆，目前对外开放各种球类运动场地。为了迎接2008年北京奥运会，西长安街延长线附近还新建了五棵松体育馆（今万事达中心）、北京射击馆和老山自行车馆，体育健儿们在这些比赛场馆奋力拼搏，取得了令世界瞩目的成绩。

值得一提的是，中央电视台、中央人民广播电台、中国国际广播电台也坐落在西长安街延长线上。作为中国第一家电视台，位于中国人民革命军事博物馆西侧的中央电视台一直致力于成为中国认识世界、世界了解中国的窗口，使中国人民同步感受到世界的风云与变幻，让世界人民认识中国的进步与发展。中央电视台主楼于1986年建成，曾经被评为"北京80年代十大建筑"之一。2012年5月，位于CBD核心地带的中央电视台新台址主楼竣工，成为北京又一大地标性建筑。位于复兴门外的中央人民广播电台是目前唯一覆盖全国的广播电台，拥有的国内听众超过7亿人。位于石景山路甲16号的中国国际广播电台创办于1941年12月3日，目前使用65种语言全天候向世界传播，是全球使用语种最多的国际传播机构。

西长安街延长线还建有多座公园，如五棵松奥林匹克文化公园、北京国际雕塑公园、石景山游乐园、首钢森林公园等，满足了人们休闲娱乐的需要。

西长安街延长线上的建筑及其设施展现了时代的变迁，现择其要者按照自东向西的顺序介绍如下：

国家新闻出版广电总局

国家新闻出版广电总局位于复兴门立交桥西南角，其前身是国家新闻出版总署和国家广播电影电视总局。2013年3月14日，国务院将新闻出版总署、广电总局的职责整合，组建了国家新闻出版广电总局。

国家新闻出版广电总局办公楼2003年立项，2008年底竣工投入使用。在设计中，设计者将建筑功能与建筑形象较完美地结合在一起，采用虚实对比组合的形式，通过外形、内饰等建筑语言既突出了传统文化的厚重历史传承，又展示出了电视、互联网等新媒体所体现出的开放、透明的数字化时代特征。

国家新闻出版广电总局办公楼

中华全国总工会

中华全国总工会旧办公楼 　　中华全国总工会新办公楼

　　中华全国总工会（简称全总）办公楼位于复兴路与三里河路交会处的东南角，1955年建成，长73.9米、宽18米、高36米。其朴素大方的建筑风格在北京当时的建筑中独具一格，很长时间成为北京市的标志性建筑之一，沿长安街行驶的公交车还专门设立了"工会大楼"站点。

　　由于全总办公楼建设时间较早，没有采取防震措施，在唐山大地震中受到一定影响，同时接近使用耐久年限，因此全总书记处研究决定拆除旧楼翻建新楼。2003年9月9日，原工会大楼被施以定向爆破。由于大楼紧邻长安街，距地铁线仅20余米，且地下管网密集，布满水、电、气管线和电缆，爆破环境复杂，技术要求难度高，被一些媒体记者称为"长安街上第一炸"。两年半后，总建筑面积37200平方米、高98米的全总新办公大楼拔地而起。该建设项目获得北京市建筑（结构）长城杯金质奖，办公楼翻建工程还获得了2007年度国家优质工程金质奖。

首都博物馆

首都博物馆于 1953 年开始筹备，1981 年 10 月正式对外开放，当时位于北京市东城区国子监街孔庙内。为了容纳更多的藏品、服务更多的参观游客，2001 年 12 月，作为北京市"十五"期间重点文化建设工程之一的首都博物馆新馆正式奠基兴建。新馆于 2006 年 5 月 18 日正式开馆，亮相于复兴门外大街 16 号——长安街西延长线白云路口的西南端。

首都博物馆建筑面积 63390 平方米，高 40 米，地上 5 层，地下 2 层。巨大的屋盖继承了中国传统建筑的深远挑檐；长长的石质幕墙象征着中国古代城墙；广场的起坡式设计传承了古代高台建筑风格；椭圆形的青铜展馆斜出墙面寓意古代文物破土而出。整座建筑既具有浓郁的民族特色，又呈现鲜明的现代感。

首都博物馆新馆有 3 栋独立的建筑：矩形展馆、椭圆形专题展馆和条形的办公科研楼。三者之间的空间则为中央大厅和室内竹林庭院。自然光的利用、古朴的中式牌楼、下沉式的翠竹庭院、潺潺的流水，为观众营造了一个兼具人文、自然情调的环境。

首都博物馆以展示北京 50 万年人居史、三千年城市史、八百多年建都史及其无比丰厚的文化遗存为主，还肩负着收集、整理、修复、研究、保管北京地区的历史文化遗产的重任，可以称为是北京的记忆者和叙述者。

每一位走进首都博物馆的观众，都会不约而同地与一座流光溢彩、金碧辉煌的高大牌楼——景德街牌楼合影留念。这座高 9.74

首都博物馆

米、宽 21.86 米的牌楼是历代帝王庙门外的古牌楼，20 世纪 50 年代拆除后收藏在文物研究所内，首都博物馆新馆建成后成为第一件入驻的文物，也是首都博物馆最大的一件藏品。

首都博物馆内设基本陈列、精品陈列和临时展览。

基本陈列有"古都北京·历史文化篇""古都北京·城建篇""京城旧事——老北京民俗展"。其中，"古都北京·历史文化篇""古都北京·城建篇"是首都博物馆展陈的核心，表现了恢宏壮丽的北京文化。

精品陈列有"古代瓷器艺术精品展""燕地青铜艺术精品展""古代书法艺术精品展""古代绘画艺术精品展""古代玉器艺术精品展""古代佛教艺术精品展""书房珍玩精品展""馆藏京剧文物展"。

临时展览是研究与观赏北京文化与其他地区文化、中国文化与世界文化交流关系的舞台。首都博物馆的临时展厅经常举办来自中国各地和世界各国的高品质展览，不仅反映北京海纳百川、面向世界的宽广胸怀，而且显示人类历史与文化发展的统一性与多样性。影响较大的临时展览有：2007年8月至11月的"卢浮宫珍藏展——古典希腊艺术"，这是卢浮宫馆藏艺术品首次来北京展出，也是卢浮宫在中国规模最大的展览；2008年7月至10月的"中国记忆——5000年文明瑰宝展"，汇集了全国所有省级博物馆的"镇馆之宝"级文物；2011年8月至2012年4月的"回望大明——走近万历朝"，汇集了明代万历朝文物的精华，等等。

如今，首都博物馆凭借得天独厚的地缘优势，依靠精彩纷呈的展陈、丰富的内涵、完善的设施成为展示北京历史与文化的荟萃之地，成为全国人民以及海外朋友熟悉北京、了解中国的瑰丽窗口，也是新北京与世界进行文化交流的一个重要场所。

中国人民革命军事博物馆

中国人民革命军事博物馆位于西长安街延长线上，是中国唯一的国家级大型综合性军事博物馆。1958年8月，中共中央政治局北戴河会议决定，为庆祝新中国成立10周年，在北京兴建革命博物馆、历史博物馆、军事博物馆等。展览大楼于1958年10月动工兴建，1959年3月12日，经中共中央军事委员会批准，正式定名为中国人民革命军事博物馆（以下简称军事博物馆）。

中国人民革命军事博物馆

毛泽东、周恩来、朱德、邓小平、刘伯承、贺龙、陈毅、罗荣桓、聂荣臻、徐向前、叶剑英等党和国家、军队领导人多次审查展览内容，10月1日开始内部预展，1960年八一建军节正式对外开放。

军事博物馆占地面积8万多平方米，建筑面积6万多平方米，陈列面积4万多平方米。主楼高94.7米，中央7层，两侧4层。大楼顶端的圆塔，托举着直径6米、镀金的中国人民解放军"八一"军徽与军章，它凌空高耸，金光闪闪。高达4.9米的铜门，是用福建前线参战部队送来的炮弹壳熔铸而成的。正门上方悬挂着毛泽东主席亲笔题写的"中国人民革命军事博物馆"金字铜底巨匾。大门两侧竖立着陆海空三军战士和男女民兵两组英姿勃勃的汉白玉石雕。

军事博物馆的陈列展览分为基本陈列和临时展览。基本陈列共 10 个，分别是：古代战争馆、近代战争馆、土地革命战争馆、抗日战争馆、全国解放战争馆、新中国国防和军队建设成就馆、抗美援朝战争馆、兵器馆、中国人民解放军对外军事交往友谊馆、军事艺术馆。沿所有展览场地绕行一周需走 12 千米，就其规模而言为国内外少有。伴随着国家改革和建设的脚步，在它的周围建立起了中央电视台、中华世纪坛和八一大楼，把它衬托得更加雄伟壮丽。

从 2012 年 5 月起，为配合展览大楼加固改造工程，军事博物馆展览大楼内的基本陈列全部拆除和关闭，250 余件大型武器装备移至展览大楼南广场，以展代藏，继续接待观众，博兴大厦的临时展览也继续开放。

2012 年 8 月，总政治部和军委正式批准了军事博物馆新的陈列体系建设方案。新陈列体系以军事历史为主，辅以军事科技、军事艺术陈列。陈列重点是中国共产党领导的革命战争陈列、新中国国防和军队建设陈列以及人民军队专题陈列、兵器陈列。此外，还设置中国历代军事陈列、军事科技陈列、军事艺术陈列和临时展览。

近年来，为了配合党、国家和军队的中心工作，军事博物馆举办了许多大型的主题展览，如"民族先锋——中国共产党抗日战争英烈展""伟大壮举　光辉历程——纪念中国工农红军长征胜利 70 周年展""我们的队伍向太阳——新中国成立以来国防和军队建设成就展""复兴之路""万众一心　众志成城——汶川抗震救灾主题展""辉煌六十年——国防和军队建设成就展""玉树不倒　青海长青——青海玉树抗震救灾主题展""风雨同舟　舟曲不屈——甘肃舟曲抢险救援主题展""全军非战争军事行动成果展""科学发展　成就辉煌"大型图片展，以及"红色系列"全国巡展等，得到了中央领导和各界观众的广泛赞誉，产生了巨大的社会影响。

中华世纪坛

中华世纪坛位于军事博物馆西侧，是一座日晷型的纪念性建筑。北侧是玉渊潭公园，南与北京西站相望，占地4.5万平方米，

中华世纪坛

总建筑面积 3.5 万平方米，景观整体由主体结构、青铜甬道、圣火广场、世界艺术馆等部分组成。中华世纪坛作为 20 世纪终结与新世纪开启的标志性建筑，对中华 5000 年文明历史进行了很好的诠释，也成为国际友人了解和认识中国的重要窗口。

1998 年 2 月，兴建"中华世纪坛"提上北京市委、市政府的议程，并确定地点在玉渊潭南门广场，中央电视台和军事博物馆之间的空地。4 月，经讨论定名为"中华世纪坛"。

中华世纪坛于 2000 年 12 月 21 日竣工。

中华世纪坛的建筑以"中和""和谐"之美，体现了"人类与大自然的协调发展""科学精神与道德相结合的理想光辉"及东西文化相互交流、和谐融合的思想。在总体艺术设计上，中华世纪坛以"水"为脉，以"石"为魂，并以诗意化凝练的语言和中国艺术大写意的手法深化意境，昭示中华民族特有的宇宙观和美学精神。下沉广场的哗哗流水、青铜甬道上的涓涓清溪和用 4 万多平方米黄色花岗岩铺装的坛体、广场、步道，无一不是这种艺术设计的生动体现。

根据其周边环境特点和主题精神，中华世纪坛的主色调确定为黄、绿两色。所有人工建筑均为黄色调，突出中华民族的人文精神；以树木作为分割空间的手段，加之精心栽种的草坪绿化带，构成绿色的环境，营造出了"天人合一"的意境。

中华世纪坛南面入口处，矗立着一块长 9 米、高 1.05 米、重 34.6 吨的汉白玉题字碑，这是目前世界上最大的一块汉白玉，上面刻着江泽民的题词"中华世纪坛"，背面为《中华世纪坛序》。

中华世纪坛碑的北侧，是一个下沉式圆形广场，广场用960块花岗岩铺砌而成，象征幅员辽阔的960万平方千米中华大地。广场由周围向中心略微隆起。广场中心是一方形圣火台，一簇长明不熄的"中华圣火"，火种取自周口店北京人遗址，寓意中华民族的文明创造永不停息。广场东西两侧，有两道流水缓缓而下，象征着中华民族的母亲河——长江与黄河。

圣火广场向北是一条长270米、宽15米的甬道，自圣火广场，至世纪坛坛体。甬道正中是一条总长262米、宽3米的锡青铜甬道，用特种合金打造。上面自南向北镌刻了距今300万年前人类出现到2000年中华民族科技、文化、教育等领域共7000多件重大历史事件，并辅以天干、地支和生肖图案，象征中华民族经历的漫长历史岁月。青铜甬道上有一层薄薄的流水，寓意中华民族的历史绵延不断，历久弥新。漫步甬道，人影便映入水中，犹如穿越岁月时空，体味中华5000年的文明史。

中华世纪坛静止的回廊与旋转的坛面寓意着中国古老的"乾""坤"哲学思想，整体寓意为"天地合一"。世纪坛上的圆形旋转坛体象征着"乾"，寓"天行健，君子以自强不息"之意，再现中华民族5000年来生生不息的追求和任何环境下都不屈不挠、勇于进取的精神。旋转坛的下半部分（包括两侧静止的回廊）象征着"坤"，寓"地势坤，君子以厚德载物""有容乃大"之意。每年8月，中华世纪坛都会组织展示国内外最新艺术形式和文娱精品，丰富市民的文化娱乐生活，增进国际交流，成为北京市的一张文化名片。

京西宾馆

京西宾馆

京西宾馆位于羊坊店路1号，与中央电视台、军事博物馆隔街相望。筹建初期，宾馆被设计为八一饭店，仅供接待国外军事代表团和军委内部会议使用，不对外营业。1964年，西楼和会议楼建成，总建筑面积约7万平方米，时任中央军委秘书长罗瑞卿根据其地理位置定名为"京西宾馆"。西楼以苏式建筑风格闻名，地上有13层，建成之初是北京市最高的建筑。会议楼庄严肃穆，每层都有数十间大小不同的会议室。1990年，京西宾馆东楼竣工，地上29层，高97米，建筑面积约6万平方米。

1964年国庆节，京西宾馆刚建成不久，就接待了阿尔及利亚、匈牙利、捷克斯洛伐克、保加利亚、巴基斯坦、缅甸6个国家的党政代表团和来自其他34个国家的61个专业代表团。"文化大革命"开始后，各大军区、各军兵种和许多地方党委干部被揪斗。在一些中央领导的帮助下，大批干部被送到京西宾馆保护起来，这里随即成为造反派冲击的焦点。仅1967年1月，就有10余起冲击事件发生。中共和军委紧急制定了一系列特殊政策："京西宾馆同中南海、人民大会堂、钓鱼台一样属于保护单位，军队和地方的战斗队组织不许冲击。"1967年2月7日，根据周恩来总理的指示，京西宾馆实行军事接管。

京西宾馆是党和国家举行高规格大型重要会议的场所。1978年12月，在这里召开了对新中国历史具有深远影响的中共十一届三中全会。会议在会议楼3层的第一会议室举行，改革开放的大政方针就是在这里确定的。1989年，在京西宾馆召开的中共十三届四中全会上，江泽民当选为中共中央委员会总书记，中共第三代领导集体形成。2006年，中共中央在京西宾馆召开了十六届六中全会，审议通过了《中共中央关于构建社会主义和谐社会若干重大问题的决定》。2007年，在这里召开了中共十六届七中全会，讨论并通过了《中国共产党章程（修正案）》。2013年，中共十八届三中全会也在这里召开。

2001年，京西宾馆进行了一次重装，为各级别的会议所配备的设施更加完善。

北京城乡贸易中心

北京城乡贸易中心位于西三环中路公主坟西北侧，占地2.65万平方米，一期工程于1992年完成，由4个高低错落的长方形塔楼组成，其中最高的楼象征着"城"，其他几座稍矮的楼象征"乡"，下面的裙楼将几座楼环绕起来，表达了"城乡团结"之意。二期工程于1997年完成。

1992年1月18日，北京城乡贸易中心商场开业，经营者将商品定位为"高档精、中档全、低档保必需",满足了广大顾客各个层次的消费需求。1992年9月,城乡贸易中心实现了股份制改造。1993年,人均利税额跃居北京市十大商贸企业之首。

1997年、1998年北京城乡华懋商厦和北京城乡仓储大超市相继开业,华懋商厦与城乡贸易中心商场错位经营、优势互补;城乡仓储大超市集大商场的购物环境优势、超市购物方便的优势、仓储的低价格优势于一体,受到百姓的欢迎。

2014年,城乡贸易中心、华懋商厦及城乡仓储大超市成为北京市首批养老助残卡试点单位,为老年人带来了便利,同时也取得了良好的社会效益和经济效益。

北京城乡贸易中心

长安街，这条横亘在中国首都中心位置的大道，蕴含着中华民族灿烂浩繁的历史和文明。长安，这个词所寓意的"长治久安"早已成为现实。新中国成立60多年来，北京发生了翻天覆地的变化，长安街则是北京发展变化的一个缩影，也是新中国建设的一个缩影。长安街像一本厚重的历史书，铭刻着北京和中国成长、变迁的记忆，值得我们认真品味；长安街像一道缤纷的彩虹，联结着过去、现在和未来；长安街像一条缓缓流淌的岁月长河，诉说着中华文明的灿烂与辉煌，充满了昂扬向上的生机与活力，不断续写着新时代的华彩乐章。

参考资料

石雷等：《神州第一街》，世界知识出版社，1992年版

曹子西：《北京通史》，中国书店，1994年版

侯仁之：《北京历史地图集》，北京出版社，1988年版

北京市城市建设档案馆：《北京城市建设规划篇》，1998年

尹钧科选编：《侯仁之讲北京》，北京出版社，2003年版

北京市规划委员会、北京城市规划学会主编：《长安街——过去现在未来》，机械工业出版社，2004年版

树军编著：《天安门广场备忘录》，西苑出版社，2005年版

吴伟、马先军著：《天安门广场断代史》，新华出版社，2007年版

北京市正阳门管理处编撰：《北京正阳门》，北京燕山出版社，2009年版

刘晓东：《亮阵——共和国大阅兵》，中央文献出版社，2009

年版

张妙弟、李洵、张帆编著：《图说北京城》，北京大学出版社，2011年版

郭欣著：《当代北京道路史话》，当代中国出版社，2013年版

郭欣著：《当代北京天安门史话》，当代中国出版社，2014年版

凡平：《长安街的变迁》，《城建档案》1994年第4期

郑孝燮：《东长安街是北京最重要的近代历史带》，《城市发展研究》1995年第1期

史连陞、周海南：《话说西单路口东北角》，《北京档案》2000年第2期

李翔：《长安街：规划之争》，《民主与法制》2001年第21期

郑光中、邢国煦：《天安门广场——长安街规划思考》，《北京规划建设》2004年第1期

邢国煦：《北京旧城干道改造中的历史风貌问题研究》，清华大学2004年硕士论文

李洪波：《长安街历史变迁及发展方向》，《北京规划建设》2006年第5期

黄柏青：《长安街：中国现代都市的文化符码》，《长沙理工大学学报》2007年第3期

刘鹏：《建国初期的北京东西长安街》，《北京档案》2007年第7期

许兰武、翟新颖：《长安街"大1路"见证中国巅峰时刻》，《记

者观察》(上半月) 2008 年第 12 期

韩庆:《长安街改造中有哪些科技创新》,《科技日报》2009 年 10 月 16 日

古春晓:《光辉节日　光景交辉——国庆 60 周年北京夜景照明改造提升节能水平》,《建设科技》2009 年第 18 期

王大有:《北京夜景照明建设回顾》,《中国照明论坛——城市照明节能规划、设计与和谐发展科技研讨会专题报告文集》2009 年

杨树琪:《长安街改造的历史回顾》,《当代北京研究》2011 年第 1 期

邵新春:《长安街上的双塔寺》,《北京档案》2011 年第 3 期

张莹:《北京东长安街绿地景观研究》,北京林业大学 2012 年硕士论文

卢明华:《国旗国徽设计回眸》,《浙江档案》2012 年第 10 期

何丽:《民族文化宫:前世今生话辉煌》,《中国民族》2013 年第 3 期

谭烈飞、张宁:《北京城东西轴线的地位与影响》,《北京联合大学学报》2013 年第 3 期

后　记

　　长安街被称作"神州第一街"，关于长安街的研究和报道可以说是数不胜数，经典佳作不胜枚举。2014年，笔者奉时任北京市地方志编纂委员会办公室副主任谭烈飞之命，不揣冒昧，开始了本书的编纂工作。我多方收集资料，在记述的同时配以图片，力图客观、生动、全面地记述和反映长安街的发展与变迁。

　　在本书的篇目框架确定阶段和初稿阶段中，《北京志》主编段柄仁对书稿进行了的反复审读和建议；在写作过程中，北京市地方志编纂委员会办公室副主任谭烈飞编审、北京市哲学社会科学规划办公室副主任李建平研究员、市志办研究室王化宁和张宁老师及北京出版社于虹老师都给了我指点与大力协助，他们对本书的写作提出了许多宝贵意见，使书稿逐渐完整和成熟。经过反复修改，《长安街》一书得以于2015年在北京出版社出版。

　　此次本书有幸入选《京华通览》丛书书目后，我根据出版社的意见对原书进行了进一步的删改和修订，并调整了部分插图，使本书比原版更加简洁、通俗，增加了可读性。

　　本书在成书过程中参考的相关书籍，并引用了个别书籍、论文中的有关材料，我已在书后"参考资料"中一一列出。在此，我再次向给我提供帮助的各位老师，以及所列书籍、文章的作者、出版者表示诚挚的谢意！

　　不当之处敬请批评指正。

郑　珺
2017 年 9 月